당신도 운을 벌 수 있습니다

당신도 운을
벌 수 있습니다

인생이
내 마음처럼
안 풀릴 때
명리학 공부

길해 지음

담북

미래는
내가 산
오늘의 결과

해가 바뀌고 막 서른한 살이 되던 해를 지금 돌이켜보면 한창 거침없이 꿈을 좇고 그만큼 힘들어하던 시기였습니다. 해가 바뀌었는데 내 인생은 바뀐 게 아무것도 없다는 생각에 늦은 밤, 도서관에서 책을 읽다가 가슴이 답답해지는 것을 느꼈습니다.

'나는 내 꿈을 이룰 수 있을까?'

내 미래에 대한 확신 어린 대답을 들을 수만 있다면, 그 말한마디면 또 한 번 힘을 얻어 나아갈 수 있을 것 같았습니다.

　그 시절 저는 세상에서 누구보다 가까운 존재라고 생각했던 가족에게 가장 많은 상처를 받고 있다고 생각했습니다. 가장 가까운 사람에게조차 이해받지 못하는 내가 세상 누구에게 이해받고 또 사랑받을 수 있을까라는 생각에 내 의지와 상관없이 태어난 내 운명이 너무 가혹하다 생각했습니다.

　　'어째서 나는 이런 사람들과 가족이 되어
　　이토록 외롭고 힘들게 살아가야 하는 걸까?'

　　　…

　연애 시절 우울증으로 힘든 시간을 보내고 있는 제게 남편은 종종 명리 공부를 권하곤 했습니다. 그 당시 명상을 하던 남편 주변에는 역술가가 몇 분 계셨습니다. 저는 그 영향으로 남편이 제게 그런 소리를 하는가 싶어 한 귀로 흘려버렸습니다.

　그런데 정말로 벼랑 끝에 몰리고 나니 남편의 이야기가 떠올랐습니다. 명리학에 어떤 이야기들이 있는지 궁금해졌습니다. 당시 제게는 명리 공부가 살기 위한 마지막 선택이었던 셈입니다.

가족들이 모두 잠든 어느 날 밤, 처음 꺼내든 명리 책을 읽다가 아침을 맞이했습니다. 그렇게 혼자만의 공부는 시작됐습니다. 당시는 아이들 때문에 늘 수면 부족에 시달리던 시기였습니다. 이상하게 책을 읽다 누우면 잠이 오지 않았습니다. 책을 읽다 해답이 보일 듯 말 듯한 날에는 정신이 점점 맑아져 결국 다시 일어나 해가 뜰 때까지 책을 붙잡고 있었습니다.

명리에는 내 아버지가 그러한 이유도 있었고, 내 어머니가 그러한 이유도 있었으며, 내 형제가 그러한 이유도 있었습니다. 그리고 무엇보다 내가 이러한 이유도 있었습니다. 인생은 비극인데 이해가 되기 시작했습니다.

'할 줄 아는 거라곤 글 쓰는 거밖에 없던 내가
글을 쓰지 않는다면 무얼 하며 살아야 한단 말인가?'

생각이 여기까지 미치자 다른 걸 할 엄두를 내지 못하는 제게 명리 공부는 다른 앞날을 제시해줬습니다.

…

사주四柱는 태어난 년, 월, 일, 시를 가지고 네 개의 기둥을 세운다고 해서 '넉 사四', '기둥 주柱'를 씁니다. 네 개의 기둥에는 위아래로 각각 두 글자씩 총 여덟 글자가 있어 '여덟 팔八', '글자 자字'를 써서 팔자八字라고도 합니다. 즉, 사주와 팔자는 같은 말이고 같은 뜻입니다.

사주 네 개의 기둥은 연주年柱, 월주月柱, 일주日柱, 시주時柱로 구성됩니다. 그중 일주는 내가 태어난 날로, 나를 대표한다고 말할 수 있습니다. 같은 일주라도 원국에 따라 전혀 다른 인생을 사는 게 사주이지만, 일주가 가장 큰 비중을 두기에 일주는 사주에서 중요한 역할을 합니다.

제 일주는 임진일주壬辰日柱입니다. 임진일주는 집안의 이단아 같은 존재로 태어난다고 합니다. 공무원 집안에서 혼자 사업한다고 삐딱한 노선을 타는 사람이 임진일주라는 말에 '아, 아버지는 평생을 나를 그런 눈으로 보셨겠구나' 싶었습니다. 하지만 그 덕분에 비로소 나를 돌아보고, 있는 그대로의 나를 온전히 마주할 수 있게 됐습니다.

또 명리학은 내가 아닌 타인의 존재를 이해하고 받아들일 수 있게 해줬습니다. 제가 20대에 명리 공부를 시작했다면, 나를 알고 가족을 이해할 수 있었다면, 좀 더 자신감 있고 밝게 살아갈 수 있지 않았을까 싶었습니다. 나아가 40대가 된 지금의 제가 조금 더 밝은 사람이 돼 있지 않았을까 싶었습니다.

아무리 밤이 길어도 아침은 옵니다. 그러니 긴 밤을 잘 보내는 것이 중요하다는 걸 명리 공부를 하며 깨닫게 됐습니다. 그리고 그동안 제가 보냈던 것과 같은 그 긴 밤을 살아가는 사람들이 긴 밤을 잘 보내고 아침을 맞이하길 바라는 마음에 마음상담소를 시작했습니다. 젊은 시절의 저처럼 마음의 병으로 힘들어하는 내담자에게 지금의 시간이 결코 영원하지 않음을 힘줘 말해줄 수 있는 것은 다 명리학의 이치理致 속에 그 답이 있었기 때문입니다.

···

명리학命理學은 미래를 점치고 일어나지 않은 일을 맞추는 역술가들을 위한 학문이 아닙니다. 지금의 나를 깨닫고 인간을 이해할 수 있게 해주는 학문으로 접근한다면 일반인의 삶에도 많은 도움을 줄 수 있는 학문입니다.

미래는 내가 산 오늘의 결과입니다. 지금 힘들다면 몇 년 전 내가 산 인생을 돌아보면 됩니다. 그동안 열심히 살았는지, 가벼운 마음으로 한 말과 행동이 타인에게 상처를 주진 않았는지를 명리학을 계기로 살필 수 있습니다. 결국 명리학은 밝은 미래를 꿈꾼다면 나와 타인을 이해하고 바르게 살아야 한다는 가르침을 주는 학문입니다.

그러니 명리학은 결코 역술가만 알아야 하는 학문이 아닙니다. 더 나은 미래를 위해 살아가고 싶은 사람이라면 누구라도 꼭 깨달아야 하는 마음의 이치와 삶의 원리를 통찰할 수 있는 학문입니다. 운명運命은 완벽하게 정해져 있는 것이 아니기 때문입니다. 우리는 흐르는 운명 속에서 깨달음과 통찰을 통해 더 나은 미래를 선택할 수 있습니다.

5부

연애와
결혼

나를 알아야
연애운도
올릴 수
있습니다

당신도 운을
벌 수 있습니다

1부

삶과
운명

굴곡 없는
인생은
없습니다

왜 저만 취직도 안 되고
돈도 많이 못 벌까요?

한계를 인정하고
내려놓을 줄
알아야 합니다.

사주四柱에는 공망空亡이라는 작용이 있습니다. '빌 공空', '망할 망亡'. 즉, 비어 망한다는 뜻입니다. "오늘 하루 공쳤다!"라고 말할 때의 그 공이고, "다 망했다!"라고 말할 때의 그 망입니다.

하루 종일 손님 한 명 없던 장사를 마감하며 가게 사장은 "오늘 하루 공쳤다!"라고 말합니다. 즉, 가게를 가득 채워야 할 손님이 하루 종일 없어 가게가 제 기능을 못 했다는 뜻으로 "공쳤다!"라고 말하는 것처럼 공망은 채워져야 할 것이 채워지지 못한 상태로 제 기능을 발휘하지 못한다는 의미입니다. 사주에서도 공망 작용이 일어나는 글자는 절반밖에 기능을 발휘하지 못한다고 생각하면 됩니다.

저는 내담자의 사주를 받으면 공망을 가장 먼저 찾습니다. 공망이 인생에 작용하는 것 이외에도 명주命主, 즉 내담자가 가진 삶의 방향성과도 직결된다고 생각하기 때문입니다. 예를 들어 내담자의 사주에서 재물로 보는 재성財星이라는 글자가 공망이라면 열이면 열, 돈에 대한 갈망을 강하게 드러냅니다.

팔자八字에 재성이 모두 공망인 평범한 공무원을 상담한 적이 있습니다. 내담자의 사주를 들여다보니 받을 복도 있고 재복財福이 없지 않았습니다. 그런데 내담자는 상담하는 내내 처와의 관계나 자녀, 직장에 대한 걱정보다 지금보다 돈을 더 많이 벌 수 있는지를 집요하게 물었습니다. 생각의 시작과 끝이 오로지 돈이었습니다.

물론 투자에 열을 올린다고 나쁘기만 한 것은 아닙니다. 하지만 내담자는 자신의 능력을 키우거나 노력해서 큰돈을 벌겠다는 생각보다 단시간에 별다른 노력 없이 큰돈을 벌 수 있는 현금성 투자에만 유독 관심을 보였습니다. 또 얼마를 벌더라도 현재 자신이 벌어들이는 돈에 만족을 못 하니 부수익을 올려도 여전히 돈에 대한 갈증이 커 보였습니다.

저는 공망이 공치고 망한다는 의미보다 그야말로 '중간쯤에 구멍이 난 그릇'과 같다고 생각합니다. 자신이 가진 재물의 그릇을 가득 채우고 싶다는 욕심에 끊임없이 재물 활동을 하지만 재성이 공망이라면 그릇의 중간에 구멍이 나 있어 아무리 가득 채우려 해도 반밖에 채우지 못하는 것과 같습니다. 자신은 자신의 재물 그릇에 난 구멍을 보지 못합니다. 그릇 크기만 가늠될 뿐이니 그릇을 아무리 채우고 싶어도 채워지지 않는 현실을 한탄하기 일쑤입니다. 이렇듯 공망은 평생 다 채우고 싶어 갈망하게 만드는 작용을 말합니다.

또한 관성官星이 공망인 분들도 남들이 보기에 그럴듯한 직장이나 학위, 그럴듯한 배우자를 끝없이 갈망하며 살아갑니다. 일, 직업, 여자에겐 남자, 배우자이기도 한 관성이 공망이면 앞서 나열한 것들에 집착하는 모습을 보입니다.

한번은 관성이 공망인 분을 상담한 적이 있습니다. 대기업 취업에 목을 맸던 내담자는 자신이 목표로 삼은 기업이 너무나 분명했습니다. 안타깝게도 관官을 돕는 운이 흐르고 있지도 않았습니다.

저는 취업이 너무 안 된다고 호소하는 내담자에게 조금만

눈을 낮추면 취업이 된다고 말했습니다. 그분은 자신이 지금 껏 들인 시간과 돈이 얼만데 이제 와서 '듣보잡' 기업에는 갈수 없다며 단호한 태도를 보였습니다. 30대 초반이 되기까지 채울 수 없는 관성을 향한 갈망을 내려놓지 못한 채 긴 세월을 보낸 그 여성분은 결국 몇 년간 구직 활동을 더 했지만 성과가 없었습니다. 서른 살을 넘기니 어떤 회사에도 신입사원으로 입사하기가 힘들어졌기 때문입니다. 그제야 본인의 분分을 알게 된 내담자는 취업을 포기하고 그 시기 사귀던 연인과 결혼을 했습니다.

그런데 여성에게 관성은 배우자에도 해당됩니다. 내담자는 관성이 공망이다 보니 자꾸만 사고를 치는 배우자를 만나 배우자 덕도 보질 못했습니다. 그러다 보니 자신이 고만고만한 직장에라도 취업했다면 지금의 배우자를 만나지 않았을 거라고 한탄했습니다. 내담자에게 배우자 때문에 고통스럽다면 헤어질 마음이 있느냐고 물으니 절대 헤어질 마음은 먹지 못하겠다고 했습니다. 자기 인생을 이렇게 망친 놈을 이제 와서 편하게 놔줄 수 없다면서 대기업에 집착했던 마음을 배우자에게 투영해 남편을 끝없이 괴롭히는 모습을 보였습니다.

재성이 공망인 분들은 자신의 그릇을 가득 채우기 위해 재물에만 집착할 것이 아니라 자신이 땀 흘려 버는 돈이 있다는 데 감사하며 살아야 합니다. 자신에게 없는 것에 너무 집착하지 마세요. 지금 자신에게 있는 것에 감사하며 조금씩 베풀며 살아가면 그래도 넉넉한 마음으로 살 수 있습니다.

관성이 공망인 분들은 자신의 그릇에 난 구멍의 위치를 받아들여야 합니다. 자신의 분을 받아들이고 그릇에 난 구멍 아래에 있는 직업, 회사, 학위 그리고 배우자를 받아들여야 합니다. 자신이 얻을 수 없는 것에만 집착하다가 얻을 수 있는 것까지 잃을 수 있습니다. 갈망이 맹목적으로 변질되면 인생의 중요한 시기까지 놓칠 수 있습니다.

공망은 명주가 공망이 된 글자를 끝없이 갈망하게 만들고 결국 스스로에게 고통을 안겨줍니다. 공망은 명주가 삶의 방향성을 정할 때에도 큰 영향을 미칩니다. 돈에 집착할 수밖에 없는 사람이 공직에 몸담고 있다면 운이 나쁠 때 나쁜 돈을 받을 수 있습니다. 심지어 그 찰나의 실수 때문에 결국 직업을 잃기도 합니다.

가득 채울 수 없다는 것을 받아들이고 내려놓을 줄 알아야 합니다. 그러면 자신에게 있는 것에 집중하며 시간과 노력의 낭비도 줄일 수 있습니다. 자신이 채울 수 없는 한계를 받아들이고 내 삶의 질, 내 삶에 대한 나의 만족, 나의 행복에 더 큰 관심을 가져야 합니다. 채울 수 없는 욕망 때문에 시간과 노력을 낭비하지 마세요. 자신에게 있는 것에 감사하며 살아가는 넉넉한 마음이 공망의 작용을 넘어 운을 벌 수 있게 돕습니다.

내일만 생각하면
우울해지는 사람들

긴 어둠 끝에는
반드시 한 줄기
빛이 보입니다.

천간天干에 수水가 많다는 것은 정신적 고통을 말합니다. 오행五行 중 수는 말 그대로 물을 떠올려보면 됩니다. 컵에 담긴 물을 엎지르면 형태 없이 넓게 퍼지고 아래로 흘러내립니다. 강과 바다의 물은 아래로만 흘러갑니다. 칠흑 같은 어둠이 깔린 깊은 물속은 좀처럼 가늠할 수 없습니다. 이것이 오행 중 수가 일으키는 작용이고 힘입니다.

사람들이 기분을 표현하는 말 중에 "기분이

가라앉는다."라는 말이 있습니다. "깊은 동굴 속으로 들어간다."라는 말도 있습니다. 모두 우울할 때 쓰는 표현입니다. 사주는 천간과 지지地支로 구분됩니다. 천간은 하늘의 뜻으로 불리며 정신, 이상향, 삶의 목표로 봅니다. 그래서 천간에 오행 중 수가 많은 사람은 수가 가진 작용력이 강하다고 생각하면 됩니다. 즉, 기분이 가라앉고 깊은 동굴 속으로 들어가는 듯한 어두운 감정을 강하게 느낄 수 있습니다.

상담을 하러 오는 내담자 중에도 정신적 고통을 호소하는 분들이 적지 않습니다. 사람들은 흔히 "우울증 같은 소리 하고 있네." "네가 몸이 고될 정도로 일해봐라, 그런 생각이 들 틈이 있나."라고 말합니다. 끔찍한 정신적 고통이 눈에 보이지 않다 보니 사람들은 몸이 편해 생기는 투정쯤으로 치부하기도 합니다. 하지만 그런 말들이 정신적으로 힘든 사람을 벼랑 끝으로 몰아세우기도 합니다.

유독 연말이 되면 올 한 해가 너무 힘들었다거나 죽고 싶었다면서 내년엔 좀 나아질지 묻는 분들이 많습니다. 제가 누구보다 그 마음을 잘 압니다. 저 역시 그분들처럼 힘든 시간을 보냈던 시기가 있었으니까요. 그래서 정신적 고통을 호소하며 저를 찾아오는 내담자를 만날 때마다 진심으로 마음이 아픕니다. 그 순간만큼은 자신이 겪고 있는 고통이 정말 끝날 것 같지 않거든요. 그 마음이 어떠한지 너무 잘 알기에 마음이 아픕니다.

저는 20대 시절을 참 힘들게 보냈습니다. 40대가 돼서 돌이켜보면 큰일을 겪었거나 어릴 때부터 찢어지도록 가난해 지금 당장 한 끼를 걱정해야 할 정도로 힘들었던 인생도 아닙니다. 하지만 새파란 청춘青春에 저는 사는 게 너무 힘들었습니다. 매일 죽을지 살지를 고민했을 정도니까요. 그렇게 연애도 일도 꿈도 뭐 하나 제대로 되는 일 없이 지루하고 긴 20대를 보냈습니다.

무슨 일이든 마음먹은 대로 잘 풀리지 않은 탓에 사주도 정말 많이 보러 다녔습니다. 그런데 어떤 술사를 만나든 제가 우울한 마음의 병에 취약하다는 말을 들었습니다. 지금의 제가 그때를 돌이켜보면 우울증으로 힘들었던 시간이 원망스럽기보다 어리고 위로받을 곳이 없었던 외로운 저를 스스로 아껴주지 못했던 것이 가장 후회됩니다. 40대에 돌이켜보니 20대는 잘하지 못해도 괜찮고 철없이 살아도 될 시기인데 말입니다.

제가 이렇게 말하면 요즘 20대가 얼마나 치열하게 사는데 철없이 산다고 말할 수 있냐고 반문합니다. 젊음을 지나온 제가 생각하는 젊음은 젊다는 이유만으로 허용되는 것들이 많은 시기입니다. 그 시절이 아니면 절대 용납될 수 없는 일도 있고요. 젊은 사람이 사고를 치면 많은 부분을 이해받기도 합니다. 나이 들어서 사고 치면 이해는커녕 나잇값 못 하는 철딱서니 없는 사람으로 취급됩니다.

그런 면에서 젊음은 좀 낭비를 해도 되는 것 같습니다. 한평생 그런 낭비를 또 언제 해보겠습니까? 저는 어느 때보다 청량하고 남들에게 이해받기 좋은 귀한 시기를 너무 우울하게만 보낸 것 같아 늘 후회가 됩니다. 내가 나를 조금 더 사랑해주고 격려해줬다면 지금의 나는 조금 더 밝은 빛을 내는 어른이 돼 있지 않았을까 싶습니다.

우울증이란 것이 연인이 있다고 해서, 결혼을 했다고 해서 나아지는 것이 아니거든요. 주변에 가족과 좋은 친구들이 있어도 외톨이처럼 혼자 앓는 게 우울증입니다. 유독 우울증과 같은 정신적 질환에 취약한 사주들이 있습니다. 천간에 수가 많은 사주들은 물어보지 않아도 감정 기복도 심하고 생각이 많다 보니 정신적 질환에 취약합니다. 십성＋星으로 관성, 겁재劫財가 많아도 그렇습니다. 생각이 지나치게 많은데 결코 그 생각에서 자유로울 수 없으니 힘든 겁니다. 정신적 질환에 취약한 분들은 반드시 자신의 생각과 기분을 바꿔줄 수 있는 돌파구를 스스로 찾아야 합니다. 스스로 감정을 조절하는 힘을 갖는 것이 굉장히 중요합니다.

저는 명리를 공부하는 선생님들을 만날 때마다 늘 같은 질문을 던집니다. "선생님은 감정을 어떻게 다스리세요?" 감정 조절은 제게 평생의 숙제와도 같습니다. 그래서 자신의 감정을 잘 다스리는 분들을 보면 정말 존경스럽습니다. 감정을 표현하지 못하고 쌓아두면 폭발력만 커질 뿐입니다. 취미를 가지든 다른 무언가를 해서라도 감정을 해소할 수 있는 자신만의 돌파구를 꼭 갖길 권합니다.

힘든 시기를 겪을 때마다 제게 희망을 주던 말이 있습니다. "아침은 온다." "긴 터널 끝에 보이는 빛이 가장 밝다." 밤은 영원하지 않습니다. 터널의 끝도 언젠가는 다다르게 됩니다. 제가 상담 중에 가장 많이 하는 말은 "사람 사는 게 다 똑같다." 입니다. 나보다 잘살아 보여도 속을 들여다보면 다 똑같습니다. 힘들다고 느끼는 시기에 왜 자신만 그렇게 힘든 것인지를 탓하며 아무것도 하지 않으면 아무것도 변하지 않습니다. 어쩌면 가장 힘든 순간에 가장 쉽게 열심히 할 수 있는 것은 자신의 내면을 갈고닦는 공부입니다.

저의 천간은 계임병계癸壬丙癸, 오행으로는 수, 십성으로는 겁재로 가득합니다. 저는 어린 시절 강압적이고 도무지 소통할 수 없을 만큼 일방적인 부모님께 이해받지 못한다는 생각에 끝없이 힘들었습니다. 성인이 돼서는 이루고 싶은 꿈을 좇으며 힘든 시기를 보냈습니다. 제가 그토록 꿈을 좇았던 이유는 어쩌면 이해받고 싶다는 간절함이었던 것 같습니다. 천간에 수가 아무리 많아도 수의 설기洩氣처인 갑목甲木을 만나면 그 많은 어둠의 수를 흡수시킵니다. 즉, 천간을 이루는 갑을병정무기경신임계, 돌고 돌 듯 시간은 흐르고 운 또한 돌고 돈다는 말입니다.

끝나지 않을 것 같아도 끝나는 날은 결국, 옵니다. 제 경험으로 비춰 볼 때 자신 있게 말할 수 있습니다. 제게도 힘든 운이 흐르던 시기가 있었고, 그때 명리학이 제게 위안을 줬습니다. 끝나지 않을 것 같은 지금의 그 긴 터널 끝에는 한 줄기 빛이 반드시 보이기 마련입니다. 그러니 지금이 너무 힘들다고 느끼지 마시길 바랍니다. 무엇보다 스스로를 너무 학대하지 마세요. 누구보다도 자신을 많이 아끼고 사랑해주길 바랍니다. 지금의 고통을 견딘 시간은 분명 자신에게 반가운 운이 찾아왔을 때 도약할 수 있는 힘이 돼줄 것입니다.

행운幸運이나 운명運命이라고 할 때 운은 '움직일 운運'입니다. 운은 머물러만 있지 않고 움직입니다. 그러니 힘든 시기도 반드시 끝나고 좋은 운도 영원할 리 없는 겁니다. 나쁜 운을 살 때는 지금의 운이 끝나고 찾아올 좋은 운을 대비해 자신을 갈고닦고, 좋은 운을 살 때는 언제가 찾아올 나쁜 운을 대비해 베풀며 살면 됩니다. 언젠가 시작될 운을 위해, 언젠가 끝날 운을 위해 움직여야 합니다.

재물의 양과
수명의 길이가
반비례한다면?

내가 벌어들인
재물은 나의
목숨값입니다.

흔히 말하는 운이 좋은 시기가 반드시 건강
의 좋고 나쁨과 비례하진 않습니다. 어떤 사
람에게 돈을 많이 벌어들이는 시기가 운이
좋은 시기라고 가정할 때 그 시기에 건강은
나쁠 수도 있다는 이야기입니다. 건강이 좋
지 않아도 재물운은 좋을 수 있고, 재물운이
좋지 않아도 건강은 좋을 수 있습니다.

아직 젊음의 시기를 지나고 있는 분들은 대
체로 건강 이야기에는 심드렁합니다. 반면,

금전운이나 연애운, 결혼운을 이야기할 때 눈이 반짝거립니다. 그래서 아직 젊고 건강한 내담자들에겐 상담 초기에 건강 이야기를 중요하게 다루지 않았습니다. 하지만 한 내담자와 상담을 한 이후로는 아무리 젊고 아직 건강한 분이라도 염려가 되는 부분이 있다면 반드시 짚어드리게 됐습니다.

대부분의 사람이 20~30대는 젊다는 이유로 건강을 크게 신경 쓰지 않고 삽니다. 저 역시 20대에는 술도 많이 마시고 불규칙한 생활을 밥 먹듯이 했었습니다. 밤을 새며 일하고 노는 일도 다반사였습니다. 하지만 지금은 건강에 신경을 많이 씁니다. 역학 공부를 하고 제 사주를 들여다보니 약하게 타고난 부분이 눈에 보였기 때문이다.

혹여나 조후調候가 더 허물어지는 운이나 식상食傷에 타격을 주는 해에는 건강이 더 나빠질까 봐 신경을 많이 씁니다. 실제로 제 묘목卯木 상관이 격각隔角으로 타격을 받는 신축년辛丑年에 왼쪽 눈의 시력이 급격히 떨어졌습니다. 게다가 비문증이라는 안질환까지 얻었고 지금까지 저를 괴롭히고 있습니다. 그렇다고 신축년이 제게 운이 좋지 못한 해였을까요? 아닙니다. 명리 공부를 본격화할 수 있었던 제 인생에서 아주 중요한 해였습니다.

아직 젊다고 해도 사주 상담을 할 때 건강적으로 신경 써야 할 부분이 있는지 한 번쯤 짚어보길 권합니다. 내 건강에 타격을 주는 운이 찾아오는 해에는 어떤 식으로든 병원 출입을 해야 할 수 있으므로 영양제를 꾸준히 복용하거나 건강 검진을 정기적으로 받아 대비를 하는 게 좋습니다.

오행 중 금수金水가 강하거나 화火가 없거나 약해 한습寒濕한 사주를 타고난 여성은 다른 무엇보다 건강 면에서 타격을 많이 받습니다. 물론 아프지 않으면 다행이지만 나이가 들면 어쩔 수 없는 부분이 있습니다. 그리고 남성보다 여성이 오행에 화가 없을 때 해로움을 겪습니다.

간혹 내담자와 상담을 마치고 나서도 무거운 마음이 며칠씩 갈 때가 있습니다. 제 기억에 오래 남아 있는 한 내담자가 있습니다. 그분은 젊은 나이지만 건강이 유독 걱정이 됐습니다. 사주를 보니 금金이 강하고 오행 중에 목木이 없는 사주였습니다. 내담자는 건강보다는 그해에 자신이 돈을 많이 벌 수 있을지 궁금해했습니다. 돈을 벌고 싶은 이유에 대해 들으며 그분의 건강사健康史를 듣게 됐습니다.

내담자는 20대 초반 자궁을 적출했습니다. 자궁 수술을 하고 나니 호르몬에 불균형이 생겨 갑상선암이 발병했고 갑상선 제거까지 해야 했습니다. 현재도 건강이 좋지 않아 병원 신세를 지고 있다고 했습니다.

내담자는 자신의 일로 돈을 많이 벌고 있었지만 돈을 더 벌고 싶어 했습니다. 2세를 가질 수 없으니 세월이 흘러도 결혼을 할 수 없을 거라 생각했고 결혼을 안 하고 혼자 산다면 그럴수록 많은 돈을 벌어야 한다고 했습니다. 또 병원비로 지출이 큰 탓에 앞으로 얼마나 더 아플지 모른다며 대비해야 한다고 했습니다.

내담자는 금수가 강한 한습한 사주로 건강을 위해 오행 중 다른 무엇보다 목과 화의 운이 필요한 분이었습니다. 그런데 내담자 사주에서 대운大運의 흐름을 보니 건강이 안 좋아지기 시작한 20대 중반부터 토土 관성대운官星大運이 흐르고 있었습니다. 토 관성운官星運은 한습한 조후를 해결할 수 있는 내담자의 건강에 도움이 되는 운은 아니지만 인성印星을 생生하는 운으로 금 인성을 쓰며 돈을 버는 사주인 내담자는 돈은 많이 벌 수 있었던 겁니다. 내담자의 바람대로 몇 년 뒤 금 인성 대운이 20년 정도 흐릅니다. 내담자는 금 인성을 쓰며 돈을 버는 사주이니 앞으로 본인의 바람대로 돈은 많이 벌 순 있습니다. 하지만 조후를 더 한습하게 만드는 운으로 건강에는 도움이 되지 않는 운입니다. 내담자는 돈을 벌면 벌수록 건강은 나빠지는 아이러니한 운을 살고 있고, 살게 되는 겁니다.

앞으로 흐를 대운이 과연 내담자에게 길吉한 운일까요? 흉凶한 운일까요? "제 몸에 남은 장기가 별로 없어요."라며 신세를 한탄을 했던 내담자는 흐르는 운을 다 보낸 후에 돈을 벌어 좋았다고 생각할까요? 건강을 잃어 나빴다고 생각할까요?

내담자는 이미 건강을 많이 잃어서인지 자신의 건강을 위한 개운법開運法을 많이 알고 있었습니다. 물가는 안 좋다고 해서 강 근처에 살다 이사도 갈 정도로 건강을 위해서라면 할 수 있는 일은 다하고 싶어 했습니다. 명리학적 관점에서 내담자가 정말 병을 이겨내고 싶다면 모든 세속적 활동을 접고 산에 들어가 오로지 건강을 위한 삶을 사는 것이 가장 좋습니다. 하지만 내담자뿐만 아니라 아마 누구라도 그런 선택을 쉽게 하지 못할 것입니다.

원래 돈을 벌어들이는 것 자체가 자신의 목숨값이라 말합니다. 재성 활동을 하면 수명을 단축시킵니다. 돈을 버는 행위가 왜 수명을 깎아 먹느냐고 궁금해하는 분들이 많습니다. 재성 활동을 지게꾼의 삶에 비유하면 산에서 나무를 해 시장에 내다 파는 일로 보면 됩니다. 나무를 많이 해서 파는 만큼 많은 돈을 받을 수 있지만 지게에 짊어진 나무가 많을수록 몸에는 버겁기 마련입니다. 결과적으로 많은 돈을 벌겠지만 산에 올라 나무를 하고 많은 돈을 벌어줄 나무를 짊어지고 내려오는 일을 쉬지 않고 한다면 고된 노동을 긴 시간 감당한 몸은 병들기 마련입니다.

여러분들은 많은 돈을 벌 수 있지만 돈을 많이 벌면 벌수록 수명이 단축되거나, 건강을 위해 살면서 지금 사는 모습에서 평생 달라질 수 없다면 돈을 버는 것과 건강을 위한 것 중, 어떤 선택을 하시겠어요? 죽을 날을 받아놔도 손에 돈을 쥐면 좋은 게 사람의 마음일까요? 아니면 모든 욕심을 내려놓고 오로지 건강을 위해 사는 삶이 좋은 삶일까요? 어떤 것이 더 값지다 할 수 있을까요? 이번만큼은 저도 여러분의 답을 듣고 싶습니다.

왜 내게만
불행이 일어날까요?

운이라는
계절을 받아들여야
그 안의 길을
찾을 수 있습니다.

인생이 롤러코스터 같다는 말은 사람이 태
어나 죽을 때까지 흐르는 운에 딱 맞는 표현
입니다. 운이 롤러코스터와 같다는 것은 결
국 어떤 사람의 삶에도 평생 좋은 운만 흐르
지 않는다는 말입니다. 마찬가지로 평생 나
쁜 운만 흐르는 삶을 사는 사람도 없습니다.
다만 사람마다 운의 높고 낮음에 차이가 있
을 뿐입니다. 운은 생을 다하는 순간까지 머
무르지 않고 높은 곳과 낮은 곳을 오르내리

며 끊임없이 흐르기 때문입니다.

인생을 살아가다 보면 유독 자신에게만 안 좋은 일이 일어나고 자신만 인생이 풀리지 않는 것처럼 느껴질 때가 찾아옵니다. 그럴 시기에는 그야말로 한없이 동굴을 파고 들어가게 됩니다. 주변을 돌아봐도 다들 자신보다 괜찮게 걱정 없이 사는 것처럼 보여 정말 자신만 힘들게 산다는 생각까지 듭니다.

언젠가 자신의 또래보다 높은 연봉을 받는 전문직을 가진 젊은 내담자를 상담했습니다. 그분은 업무적으로 만나는 사람들에게 받는 스트레스 때문에 일과 자신이 맞지 않는 것인지 궁금해했습니다. 그리고 다른 길은 없는지, 언제쯤 지금보다 더 많은 돈을 버는지 등을 물으며 깊은 한숨을 내쉬었습니다. 그분에게선 지금 자신에게 주어진 것에 대해 감사한 마음이 전혀 느껴지지 않았습니다. 심지어 자신이 공부도 제법 많이 했고 대단한 일을 하고 있는데도 고객들이 자신을 존경하지 않고 제대로 대접해주지 않는다고 생각하는 듯 느껴졌습니다.

사실 내담자는 사명감을 가지고 누군가를 돕고 봉사하며 희생하는 삶을 사는 활인업活人業과 맞는 분이었습니다. 활인업은 말 그대로 사람을 살리는 일입니다. 하지만 자신에게 주어진 것에 감사하고 감내하며 노력해 헤쳐 나가보자는 마음이 느껴지지 않았습니다. 자신의 직업에 필요한 봉사나 희생의 마음도 느낄 수 없었습니다.

지금껏 저는 상담을 하면서 걱정 하나 없이 사는 분들을 한 번도 만나보지 못했습니다. 물론 걱정 없는 분들은 저를 찾아올 이유가 없을 겁니다. 경제적으로도 안정돼 보이고 사회적 지위도 어느 정도 갖춘 분들은 타인이 보기에 배우자도 대단한 사람이고 좋은 집에서 웬만한 것들을 다 누리고 사는 것처럼 보입니다. 그런데 정작 그런 분들이 남들에겐 말하지 못하는 근심 때문에 저를 찾아옵니다.

물질적으로 부족함 하나 없이 누리는 분들이 저를 찾아와서는 남편 일을 거들고 뒤처리를 해주는 삶이 너무 힘들다고 하소연을 합니다. 또 집안 형제들은 자신의 어깨를 짓누르는 짐이 됐다고도 합니다. 그러고는 하나같이 "저같이 사는 사람 없을걸요."라고 말합니다. 남들보다 더 많은 것을 얻었음에도 너무 가까이 두고 있어 고마움을 놓치는 분들이 많습니다.

다른 사람은 결혼하고 남편이 벌어다 주는 수입으로 편안하게 사는데 자신은 남편 덕이 없어 맞벌이를 하며 고생하고 산다고 생각할 수 있습니다. 하지만 누군가는 똑같이 맞벌이를 하면서도 사회생활을 하며 쌓는 자신의 커리어에 만족하며 살아갑니다.

배우자와의 관계도 다를 게 없습니다. 누구나 배우자 덕을 원합니다. 그런데 제가 배우자 덕을 이야기할 때마다 내담자에게 묻습니다. "내담자분은 배우자 덕의 기준이 무엇이라 생각하세요?" 배우자 덕이라는 것은 상대적입니다. 배우자의 감투를 내 것처럼 느끼는 사람은 빛나는 감투를 가진 배우자가 최고일 겁니다. 반면 배우자의 경제적 능력이 아쉬운 사람에겐 돈을 잘 벌어다 주는 배우자가 최고일 겁니다. 자꾸 한눈을 파는 배우자와 사는 사람에겐 가정에 충실한 배우자가 최고일 겁니다. 누군가는 강압적인 배우자의 성격을 무엇보다 힘들어할 수 있습니다. 다른 누군가는 대화가 통하지 않는 배우자를 재미 없어 할 겁니다. 사람의 수만큼 기준이 다른 만큼 일일이 나열하기 힘들 정도입니다.

배우자에게 만족하고 사는 분들의 사주를 보면 의외로 배우자 덕이 크다고 생각되지 않는 분들이 많습니다. 배우자 덕보다는 두 사람의 성격이나 성향, 인생을 살면서 바라보는 방향이 같아 서로에게 큰 불만 없이 살아가는 사람들이 서로에게 만족하며 사는 경우가 많습니다. 예를 들어 누군가에겐 집에서 삼 시 세 끼 밥을 먹는 남편이 너무 귀찮고 힘든데, 다른 누군가는 밖에서 힘들게 직장생활하는 남편에게 삼 시 세 끼를 차려주는 것을 자신의 일이라 여기기도 합니다.

대기업을 다녀도 자신과 맞지 않는다고 박차고 나와 자영업을 하는 분도 있습니다. 반면 새벽 장사를 해도 자신의 천직이라 여기며 묵묵히 수십 년을 해나가는 분도 있습니다. 이렇듯 인생에서 높고 낮음, 크고 작음, 많고 적음은 상대적입니다.

다시 말하지만, 한 사람의 사주를 들여다보면 평생 좋은 운만 흐르는 경우는 없습니다. 하다못해 대통령이나 재벌 총수도 운의 굴곡을 겪으며 살아갑니다. 결국 모든 것을 가진 사람은 세상에 존재하지 않습니다. 제가 역학 공부를 하면서 그리고 상담을 하면서 가장 크게 깨달은 것은 행복은 대체로 상대적이라는 것입니다. 자신에게 주어진 것에 얼마나 만족하고 사느냐에 따라 결국 행복할 수도, 불행할 수도 있습니다. 자신의 삶을 어떻게 받아들이느냐에 따라 내 일이 나를 고되게 만드는 노동이 될 수도 있고 내 능력을 펼쳐 좋아하는 일을 하며 사는 멋진 삶이 될 수 있습니다.

자신은 어떠한지 한번 생각해보세요. 아픈 아이의 재활 치료가 일상의 중심이 된 삶을 살아가는 여성이 있습니다. 마침 남편이 가정적이고 성실한 데다 경제적으로도 안정적인 환경을 갖춘 덕분에 여성은 퇴근 후에 짬을 내 봉사도 간간이 실천합니다. 그 여성은 자신의 아이가 아파 불행하다는 말을 해본 적이 없습니다. 아이가 아파 마음이 힘들지만 자신들의 삶이 경제적으로 여유로우니 아이에게 필요한 모든 치료를 해줄 수 있다고 말합니다. 만약 똑같은 환경에 처해 있어도 왜 자신에게만 이런 일이 일어났는지 모르겠다면서 자신이 불행한 인생을 살고 있다고 말하는 사람도 있을 겁니다.

때로는 자신에게 주어진 삶, 자신이 선택한 운명을 자신이 사는 계절로 받아들이는 마음가짐도 필요합니다. 삶에 순응만 하라는 뜻이 아닙니다. 자신이 바꿀 수 없는 계절처럼 주어진 운명이라면 그 자체를 받아들이고 봄에서 여름으로 여름에서 가을로 가을에서 겨울로 흘러가는 계절 안에서 더 나은 삶으로 나아갈 수 있는 방향을 찾는 마음가짐도 필요합니다. 그렇게 살아간다면 계절은 변하고, 또 돌아옵니다. 자신이 갖지 못한 운에 대한 아쉬움이 커지면 불행해질 뿐이지만 자신이 얻은 행복에 만족하면 자신이 사는 지금을 누릴 수 있습니다.

5

나 살기도 힘든데
왜 남을 도우라는 걸까요?

과오過誤는 업業이 되어 쌓이고
선의善意는 덕德이 되어 쌓인다

나의 오늘은 내일의
밑거름이 됩니다.

한동안 인기를 끌었던 〈더글로리〉라는 드
라마에 이런 대사가 나오더군요. "아, 왜 없
는 것들은 인생에 권선징악, 인과응보만 있
는 줄 알까?" 그렇지 않습니다. 운은 나의 과
오過誤를 알고 있습니다. 나의 과오는 결국
내 몫이 됩니다. 내 과오의 값은 나뿐만 아니
라 내 가족이나 자녀가 그 값을 치를 수도 있
습니다. 공부하면 할수록 역학의 존재 이유
는 결국 인간은 선하게 살아야 한다는 것을

통계로 보여주는 것이라 생각합니다.

상담을 하다 보면 대가를 치러야 하는 운에 선 분들이 찾아옵니다. 대가를 치러야 하는 운은 어떤 운일까요? 그리고 왜 그런 운을 맞이하게 됐을까요? 운이란 것은 머물러 있지 않습니다. 좋은 운도 나쁜 운도 하늘에서 뚝 떨어지지 않습니다. 이러한 운을 역학易學에서는 인과因果의 법칙에 따라 이뤄진다고 말합니다. 즉, 내가 했던 일이나 말이나 경험들이 결국 결과로 나타나는 것입니다. 그러니 똑바로 살아야 합니다. 내가 지금 나쁜 일을 한다고, 나쁜 마음을 먹는다고 해서 누가 알겠냐고 생각하기 쉽지만, 결국은 그것이 운으로 돌아옵니다.

저는 내담자들이 요즘 유독 힘든 일이 이어진다고 하면 그분들의 지나간 운을 훑어봅니다. 지난 10년간 투기로 큰돈을 버는 데 열과 성을 다했던 내담자를 만난 적이 있습니다. 소위 돈 잘 버는 전문직 종사자였습니다. 그분은 어느 해부터인가 이상하게 자금이 막히기 시작했다고 했습니다. 그동안 두려울 것 없을 정도로 일들이 막힘없이 이뤄졌는데 문제가 생긴 것입니다. 즉, 대가를 치러야 하는 운에 선 것입니다. 단순하게 표현하면 그분은 그동안 좋은 운이 찾아왔음에도 똑바로 살지 않고 좋은 운을 악용했던 겁니다. 무슨 일을 해도 막힘이 없고 보상만 얻었으니 평생 그렇게 살아도 될 것 같았던 겁니다.

내담자는 자신의 과오에 대가를 치러야 하는 운이 오기 전에 돈을 벌어들일 운이 찾아오는 시기를 이미 지나 있었습니다. 내담자는 자신에게 돈 벌어들이는 운이 찾아왔을 때 정당하게 합법적으로 돈을 벌었을까요? 돈을 많이 벌던 시기에 불법적으로 얻은 정보로 개인을 위한 투기로 재산을 증식했는데 그렇게 번 돈으로 주변을 살피고 베풀며 나누고 살지도 않았습니다. 게다가 대가를 치러야 하는 운을 겪으면서도 자신이 힘든 이유를 모르고 있었습니다. 그분은 "왜 제게 이런 시련이 닥친 거죠?"라고 반문했습니다.

내담자의 대운을 살펴보니 과거 흘러갔던 운에 제대로 살지 않았다면 반드시 대가를 치루는 운으로, 시기상 5년 정도 지나 절반 정도에 도달해 있었습니다. 그분에게 5년 전부터 돈이 좀 나갔을 거라고 하니 예전에 투자하고 벌어둔 돈이 있었는데 손해를 많이 봤다고 했습니다. 또 지금 하는 일도 잘 안 되고 경제적으로 좀 힘든 상태라고 했습니다. 그동안 돈 걱정을 해본 적이 없었지만 몇 년간 너무 힘든 시기를 겪으면서 회사를 접을 생각까지 했다고 털어놓았습니다. 안

타깝게도 그분은 현재 대운에 벌어놓은 돈이나 문서를 많이 잃게 될 겁니다.

잘나갈 때 바르게 살아야 합니다. 그래야 나쁜 운에 덜 얻어 맞습니다. 만약 제가 기부를 권한다면 경제적으로 어렵다고 말하는 분이 기부를 할 수 있을까요? 본디 사람은 내가 좀 여유 있을 때 주변을 돌아보고 베풀고 살아야 합니다. 하지만 사람들은 좋은 운에 접어들면 지금 눈앞의 행복이 영원하리라 생각합니다. 여유가 있어도 자신을 위해서만 여유를 부립니다. 그러고서 나중에 힘든 운에 접어들면 자신을 탓하기보다 "왜? 왜?"라며 남 탓을 하거나 자신만 불행하다고 생각합니다.

큰돈이 나갈 것 같은 해를 대비해 비방책을 제게 물어보는 분들이 있지만 비방책은 딱히 없습니다. 다만 기부를 권합니다. 액땜 차원에서 어차피 나갈 돈으로 연초나 대운 초에 기부하면 덕을 쌓은 것이니 나쁜 운에 좀 덜 얻어맞습니다.

"왜 나만 기부를 하고, 왜 나만 봉사활동을 하며 살아야 합니까? 그런 거 하지 않고도 잘 먹고 잘사는 사람들 많은데요." 분명 이렇게 생각하는 분들도 있을 겁니다. 저도 그렇게 생각하던 시절이 있었습니다. 하지만 제가 역학 공부를 하면서 느낀 것 중 하나가 세상은 불공평할 수 있다는 이치입니다.

정말로 세상은 불공평할 수 있습니다. 모두의 출발점이 같지도 않고 결승점이 같지도 않으니까요. 나보다 노력을 덜 한 사람이 빨리 잘되기도 하고 타고난 복이 많아서 잘되는 사람도 있습니다. 우리가 사는 세상이 바로 그런 세상이고 누구라도 이를 받아들여야 합니다. 다들 타고난 환경과 주어진 복이 다르니까요. 자신의 환경과 자신에게 주어진 복, 자신의 재능, 즉 자신의 분을 아는 게 정말 중요합니다. 내 분을 알고 그저 내 길을 열심히 걸어가면 됩니다. 세상이 불공평하다고 탓만 해봐야 달라지는 건 없습니다.

누군가는 모두 운의 차이일 뿐, 실력의 차이는 종이 한 장 차이라고 말합니다. 어느 정도 맞는 말이기도 합니다. 그 말처럼 타고난 운은 다르고 바꿀 수 없을지 모릅니다. 하지만 후천적으로 얻은 운은 내 노력 여하에 달렸습니다. 그러니 자신의 이번 생이 베풀고 살아야 될 운명이라면 베풀며 열심히 살아가면 됩니다. 그래야 조금 덜 얻어맞으며 살 수 있고 자신이 노력한 만큼의 결실을 얻는 데 이로우며 무엇보다 내 자녀에게 나의 업業이 이어지지 않습니다. 그리고 나의 다음 생이 편합니다.

사람들은 간절히 원하는 것이 있을 때 기도를 합니다. 교회나 성당에 가서도 기도하고, 절에 가서도 기도합니다. 그런데 대부분 자신이 바라는 무언가를 꼭 이루게 해달라는 기도를 합니다. 이런 기도는 잘못된 기도입니다. 공짜로 무언가를 이뤄달라고 하늘에 무작정 요구하는 기도는 아무리 공을 들여도 이루어질 리 없습니다. 예를 들어 취업을 하고 싶다면 "취업하게 해주세요."라고 기도하기보다 "제가 원하는 직장에 입사한다면 그곳에서 일해 번 월급으로 매달 좋은 일도 하며 열심히 살겠습니다."라고 기도해야 합니다.

하늘과 신이라는 존재는 아무런 담보 없이 공짜로 대출만 해주는 대상이 아닙니다. 모든 일에는 대가가 뒤따릅니다. 자신이 간절하게 바라는 것이 있다면 자신이 먼저 베풀어야 합니다.

만약 지금 힘든 시기를 겪고 있다면 10년 전부터 자신의 삶이 어땠는지 돌아보길 바랍니다. 또다시 힘든 시간을 보내고 싶지 않다면 지금을 잘 보내면 됩니다. 열심히 바르게 산 오늘이 행복한 내일이 돼줄 겁니다.

부모가
된다는 것

부모는 아이의
삶의 밑거름이고
아이는 부모의
삶의 원동력입니다.

부모는 세상의 어떤 존재보다 위대합니다. 아무나 부모가 될 수 없다고 생각합니다. 대단한 사람만이 부모의 자격을 갖춘다는 말이 아닙니다. 자녀에게만큼은 올바른 부모가 되어야 한다는 이야기입니다.

늦은 밤 한 내담자가 찾아왔습니다. 그분은 해외에서 순조롭게 사회 활동을 하던 중에 한국으로 돌아오는 것을 고민 중이었습니다.

사주를 들여다보니 외국에 계셔야 하는 분이었습니다. 만약 한국에 들어온다면 그동안 해외에서 일군 것만큼 이루지 못할 수도 있겠다 싶었습니다.

내담자가 한국에 들어오려고 하는 이유가 궁금했습니다. 처음에는 귀국을 원하는 이유에 대해 말씀을 꺼리다가 조심스럽게 사연을 털어놓았습니다. 내담자는 굉장히 덤덤하게 아이가 아프다는 이야길 꺼냈습니다. 아이에 대한 이야기는 저도 참 조심스럽기에 내담자의 사주만으로 아이에 대해 정확하게 이야기하기도 어려웠습니다.

늦은 밤, 애타게 저를 찾아온 것만으로 그분이 얼마나 걱정을 안고 있는지 알 것 같았습니다. 내담자의 상담으로 시작했지만 제가 좀 궁금해 들여다보겠다고 양해를 구하고 아이의 생년월일을 물어봤습니다. 사실 제 마음이 더 불안했습니다. 제가 그분께 걱정을 더 안겨드릴 수도 있으니 어떻게 이야기를 해야 할지 짧은 시간 동안 가슴이 두근두근거렸습니다.

다행히도 아이의 사주를 보니 괜찮았습니다. 내담자도 치료를 잘하면 큰 걱정할 정도는 아니라고 생각하고 있었습니다. 그분에게 말을 건네면서도 그 어떤 순간보다 제가 100퍼센트 맞추길 바랐던 것 같습니다.

사주 공부를 시작하면 맞추는 데 모든 것을 걸지 말라고 배웁니다. 제가 이런 말을 하면 사주를 보면 다 맞춰야 하는 것 아니냐고 반문합니다. 보통 사람들은 의아해하지만 맞추는 것이 전부가 아닙니다. 상담을 하러 오는 분들도 'Yes'나 'No'만 들으러 오진 않습니다.

제가 아픈 아이의 사주에 대해 뭐라 깊은 운을 말할 수 있겠습니까? 다만 내담자에게 큰 걱정은 하지 않아도 되겠다는 정도로 말했습니다. 아이의 사주를 받는 저도 긴장을 할 정도인데, 자기 자녀의 사주를 말해주고 기다리는 분의 마음은 더 조마조마하겠죠.

다행히 아이의 사주에 총명의 별이 있으니 키우면서 어떤 재능을 가지고 있는지 잘 살펴보라고 조언했습니다. 그리고 내담자가 마지막에 남긴 말씀을 지금도 잊지 못할 것 같습니다.

"올 한 해를 보내며 지금이 제일 마음이 편안합니다. 감사합니다."

아마도 그분은 저와 상담을 마치고 눈물을 흘렸을지 모르겠습니다. 아무리 많은 것을 이루고 가진다 해도 결국 부모는 아이의 건강과 행복을 1순위로 생각합니다. 그냥 그런 느낌이 들었습니다.

제가 이 상담을 하기 며칠 전에 제 아들 때문에 한참 울었던 적이 있습니다. 당시 상담소 이전 문제로 정신을 놓고 살았습니다. 하루는 유치원에서 플리마켓을 연다면서 집에서 안쓰는 물건과 당일 아이가 원하는 물건을 살 수 있게 천 원을 아이에게 챙겨주라는 공지를 전달받았습니다.

제 아들은 항상 저 때문에 거의 마지막까지 유치원에 남아 있다가 하원을 하는 편입니다. 플리마켓 당일에도 저는 허둥지둥 유치원으로 향했습니다. 아이가 무엇을 샀을지 궁금해 아이에게 물어보니 아이는 손에 든 봉지를 제게 건네며 잘 들리지 않는 소리로 말을 했습니다. 잘 들어보니 커피라는 단어가 들렸습니다.

평소 아이를 데리러 가면 담임 선생님이 가끔씩 커피를 내주기도 하는데, 그날도 허둥지둥 유치원을 찾아온 제게 커피를 준 것이라 생각했습니다. 하지만 아들에게 건네받은 것은 다름 아닌 텀블러였습니다. 아들은 제게 텀블러를 건네며 이렇게 말했습니다.

"엄마, 3층 사무실에서 커피 마실 때 쓰라고 내가 샀어."

플리마켓에서 장난감을 사라고 들려 보낸 천 원으로 다시 제게 줄 텀블러를 산 것이었습니다. 그리고 아이의 손에는 조잡한 파란색 자동차 장난감이 들려 있었습니다. 아이가 저를 위한 선물을 사는 바람에 장난감을 사지 못하자 그 모습을 본

유치원 담임 선생님께서 다른 아이들이 다 구매하고 남은 파란색 장난감 자동차를 하나 주신 것이었습니다.

그동안 상담소 문제로 예민해져 짜증도 많이 내고 밥도 제대로 못 챙겨줬던 제 모습이 떠올랐습니다. 고백하건대 저는 좋은 엄마가 아닙니다. 스스로 후하게 점수를 줘도 70점이 안 될 것 같습니다. 요리나 가사일을 좋아하는 엄마도 아닐뿐더러 예민함이 아이에게 향할 때도 많습니다. 가족보다 제 개인의 삶과 목표를 더 중요하게 여기는 적도 많습니다. 아이에게 텀블러를 받고 나니 늘 마지막까지 유치원에 남아 있던 아들에게 미안해 한참을 울었습니다. 아마도 그날의 제 감정은 아이를 키우는 부모님이 아니라면 공감하기 힘들 겁니다.

그런데 다음 날 더 큰 일이 벌어졌습니다. 유치원에서 크리스마스 행사로 패션쇼가 예정돼 있었습니다. 월초부터 행사 당일의 드레스 코드인 레드와 그린에 어울리는 옷을 입혀 보내달라는 공지가 있었습니다. 하지만 저는 행사 전날 상담소 인테리어 문제로 밤늦게까지 골머리를 앓다가 까맣게 잊어버리고 말았습니다. 행사 당일 아침, 아무런 의심 없이 원복을 입혀 아이와 함께 집을 나섰습니다.

유치원 앞에 와서 아이를 들여보내려고 하는데 그제야 다른 아이들 차림새가 이상한 것을 느꼈습니다. 머리에 귀여운

장식을 단 아이들이 많은 것을 본 순간 뭔가 느낌이 좋지 않았습니다. 아이를 유치원에 들여보내고 뒤늦게 제가 깜빡한 것을 깨달았습니다. 담임 선생님께 전화를 드렸더니 제 아들만 원복을 입고 등원했다고 했습니다. 그러고는 제 아들이 자기만 원복을 입고 있은 탓에 기분이 많이 상해 보였다고 했습니다. 담임 선생님은 11시 반까지 옷을 가져다주면 갈아입혀 행사를 진행하겠다고 했습니다.

하지만 그날 저는 사무실 리모델링 견적을 받기 위해 인테리어 업체 사람을 사무실에 부른 상태였습니다. 업체 사람에게 견적을 받는 내내 귀에 들어오지 않았습니다. 서둘러 업체 사람을 보내고 근처 백화점으로 뛰어갔습니다. 그런데 크리스마스 시즌임에도 매장마다 크리스마스 시즌용 옷이 없다고 해서 겨우 드레스 코드에 맞는 옷을 살 수 있었고 늦지 않게 유치원에 가져다줬습니다.

크리스마스 행사를 마친 후 아이를 데리러 유치원으로 가는 길에, 아이의 얼굴을 어떻게 봐야 할지 두려웠습니다. 아이를 만나 행사 공지를 잊어버려서 미안하다고 말했습니다. 그러자 아이는 "엄마가 바빠서 깜빡한 건데. 괜찮아. 그래도 엄마가 비싼 옷 사줬잖아. 근데 옷에 붙어 있던 루돌프 코가 떨어졌어."라고 말했습니다. 행사 내내 옷에 달린 루돌프 코를 만지작거렸더니 떨어진 듯했습니다. 새 옷을 망가뜨려 속상해하고 있는 아이에게 저는 똑같은 걸 사서 달아주겠다고 하니 아이가 활짝 웃더군요.

아이를 키우는 건 누구에게나 너무 힘든 일입니다. 결혼 전에는 아이를 낳고 키우는 일이 이토록 힘들다고 왜 아무도 알려주지 않았을까요? 결혼하면 당연히 아이를 낳는 거고 아이는 그냥 크는 줄 알았습니다. 철이 없었던 것이죠. 저는 비록 좋은 엄마는 아니지만 아이와 함께 열심히 성장 중입니다. 아마 모든 부모님도 아이와 함께 또 한 번 성장하는 게 아닐까 싶습니다. 하지만 우리는 아이 때문에 울고 웃고 싸우는 일상에 익숙해진 탓에 그 소중함을 느끼지 못하는 것 같습니다. 내가 낳은 자식이니 내가 아이의 모든 것을 다 안다고 생각하지만 사실 부모는 죽을 때까지 자녀에 대해 다 모르고 가는 것 같습니다. 제 부모님이 저를 아직 다 모르시듯 저도 제 아이를 다 모를 겁니다.

온 마음을 다해 키운다 생각해도 한없이 부족한 게 아이를 키우는 일이 아닐까 싶습니다. 아무리 준비가 덜 된 채로 부모가 됐어도 저는 제가 이렇게까지 못할 거라고는 생각도 못했습니다.

저 역시 역학 공부를 하면서 아이를 키우며 성장 중입니다. 올해는 작년보다 조금 더 나은 엄마가 되면 좋겠습니다. 자녀는 때로는 감당이 되지 않을 정도로 벅찬 존재지만 한편으론 제 전부이기도 하니까요. 아이를 키우는 많은 분들이 아이 때문에 많이 웃을 수 있으면 좋겠습니다. 그리고 모든 아이가 아픔 없이 건강하고 밝게 성장하면 좋겠습니다.

제 뜻대로
아이가 자라지 않아
속상합니다

부모의
사랑이라도 넘치면
부족함만 못합니다.

사주는 네 개의 기둥으로 이뤄져 있습니다.
사주에서 주는 '기둥 주柱'입니다. 네 개의 기
둥 중 오른쪽에서 두 번째 기둥은 부모의 자
리로, 월주月柱라고 합니다. 미성년 자녀의
부모님은 진로 걱정 때문에, 성인 자녀의 부
모님은 취업과 결혼 걱정 때문에 상담소를
찾습니다.

장성한 자녀를 걱정하는 부모님들의 하소연
을 듣다 보면 부모는 관에 들어갈 때까지 자

녀 걱정 때문에 마음 편히 살지 못한다는 말이 맞는 것 같다는 생각이 듭니다. 그런데 어쩌면 자녀가 정말로 걱정을 끼쳐서라기보다 자녀가 선택한 결정과 현재의 모습이 대체로 만족스럽지 않아서 걱정하는 것이 아닌가 싶습니다.

독자 중에 부모님이 있다면 자신이 낳고 키워낸 자녀에 대해 스스로 얼마나 알고 있다고 생각하나요? 저는 상담을 하면서 어쩌면 자녀를 가장 모르는 사람이 부모가 아닐까 하는 생각이 들 때가 많습니다. 현재 자녀가 자신의 뜻대로 되지 않거나 순탄한 길을 두고서 자꾸만 자갈밭으로 간다고 하는 분들이 내미는 자녀들의 사주에서 부모 자리를 보면 대부분의 걱정이 기우杞憂인 경우가 많습니다.

부모 자리를 보면 명주가 가정교육을 잘 받고 자랐는지, 명주의 부모가 명주를 키우며 어떤 가치관을 심어줬는지, 부모의 덕이 있는지를 알 수 있습니다. 즉, 자녀의 사주에 밭을 이루는 부모를 유추할 수 있습니다.

언젠가 하나뿐인 아이가 원하는 것을 다 들어주고 부족함 없이 키웠다는 부모님이 저를 찾아왔습니다. 정말로 아이의 뜻대로 아낌없는 응원과 지원을 해준 부모라면 아이의 부모

자리에는 손상되지 않은 정인正印이 있어야 합니다. 그런데 아이의 사주를 들여다보니 매우 강압적이고 엄한 부모로 보였습니다. 사실 이 정도는 많이 순화한 표현입니다. 옛날식으로 표현하면 매로 패가며 키운 부모로 보였습니다. 즉, 명주는 매를 맞고 자랐거나 말로 맞고 자랐거나 어떤 식으로든 맞고 자란 것입니다. 쉽게 말해 부모님으로부터 자신의 선택과 생각에 대한 응원과 지원을 받고 자란 사람은 아니었습니다.

제가 아이의 사주에서 부모 자리를 보고 "어릴 때 강압적으로 키우셨어요?"라고 물으면 대체로 두 가지 반응이 나옵니다. 당황하거나 부정하거나. 그리고 대체로 아이가 어릴 때만 그랬다면서 지금은 그렇게 키우지 않는다고 말합니다. 요즘 세상에 다 큰 자녀가 맞고 있을 리 없으니 지금은 안 그러는 것이 아니라 그러지 못한다는 말이 오히려 정확한 표현일 겁니다.

물론 부모가 죽을 때까지 성년이 된 자녀를 강압적으로 키우는 경우도 있습니다. 자녀의 미래가 너무 걱정이 돼서 아이를 엄하게 키운다고 말하는 부모님을 만나면 저는 사주에 보이는 글자를 설명하며 아이에게 큰 도움이 되지 않았다고 말해줍니다.

사주를 들여다봤을 때 월지月支에 정인, 월간月干에 편재偏財

가 있는 사람은 상견례도 무사 통과할 수 있는 사주라고 봅니다. 정확하게 표현하면 어린 시절 부모님에게 가정교육을 잘 받은 사람입니다. 어머니는 어머니의 역할을 100퍼센트 했고, 아버지는 아버지의 역할을 100퍼센트 했다는 뜻이죠. 이런 사주를 가진 명주의 부모님은 자녀에게 올바른 가치관을 심어줬을 뿐만 아니라 자녀의 선택을 존중해주는 부모이자 자녀의 인생에 아낌없는 응원과 지지를 보내는 부모입니다.

예를 들어 자녀가 음악을 한다고 하면 부모는 아이의 선택을 믿고 존중해주며 음악을 하는 인생에 아낌없이 지원을 해주는 경우입니다. 이런 부모님을 둔 아이라면 자존감이 높을 수밖에 없습니다. 이렇듯 아이의 사주에서 부모가 보이는데 저를 찾아오는 부모님들은 아이 탓만 하고 답답해합니다. 제가 내담자의 아이에겐 부모의 간섭과 통제가 결코 도움이 되지 않는다고 말해도 받아들이려고 하질 않습니다.

자녀의 사주에서 부모의 세력이 너무 강하면 자녀의 운이 잘 풀리지 않습니다. 아이의 사주팔자에 아버지와 어머니가 세력이 강하다는 것은 아버지와 어머니를 뜻하는 글자가 지나치게 많다는 뜻입니다. 예를 들어 사주에 재성이 너무 많거나 인성이 너무 많은 경우가 그렇습니다. 재성은 아버지요, 인성은 어머니입니다.

무릇 사주는 조후가 중요합니다. 뭐든 많고 넘치면 없는 것만 못합니다. 자녀에게 부모가 했던 무수한 잔소리며 간섭이며 통제가 자녀의 인생에 도움이 되지 않았다는 의미이기도 합니다. 실제로 자녀에게 간섭을 많이 하는 부모님의 경우 대부분 나이가 들고 은퇴해 기세가 꺾여야 하는 시점에도 여전히 사회활동과 경제활동을 왕성하게 이어가는 사람이 많습니다.

한 예로, 교수로 재직하다 퇴직한 분이 다시 자신의 세력을 확장시키기 위해 왕성한 활동을 시작했습니다. 그분을 보며 저는 "꺾여야 하는 시기에 오히려 저렇게 기세가 강해지면 아이들이 잘 안 돼."라고 말했습니다. 아니나 다를까 그분의 자녀는 직업도 없이 허송세월을 보내고 있었습니다. 그분의 나이가 칠순을 넘겼으니 그 시기에 그토록 왕성하게 활동한다는 것은 결국 자녀의 기세를 끌어다 부모가 쓰고 있다는 의미입니다.

이렇듯 한 집안에 내려지는 길흉吉凶의 질량은 정해져 있습니다. 누구 하나가 집안의 평균치보다 지나치게 잘되면 그 집안엔 반드시 안 되는 사람이 있을 겁니다. 한 사람에게 복이다 가게 되면 다른 한쪽에선 복을 받지 못한 사람이 있습니다.

그 집안에 유독 복이 넘치는 것이 아닙니다.

만약 형은 항상 전교 1등만 하다 서울대학교에 입학하고 의사가 됐는데 동생은 그저 그런 대학교를 다니다 서른이 넘도록 취업도 못 하고 있다면 형이 그 집안의 복을 많이 가져갔기 때문입니다. 그러니 잘된 형제가 자신보다 못한 형제를 품어주고 도와줘야 합니다.

운은 흐릅니다. 집안의 운도 할아버지와 할머니에서 아버지와 어머니대로, 다시 자녀의 대로 흐르는 것이 순리입니다. 은퇴 이후에는 사회활동을 접고 한 발 뒤로 물러나야 기운이 다음 대로 흘러내려가 자녀가 왕성한 사회활동을 하고 발복發福할 수 있다는 이야기입니다. 그저 나보다 못한 것 같고 못 미덥다는 생각에 자신이 한 푼이라도 더 벌어 자녀에게 베풀겠다고 생각하는 순간 자녀는 부모의 눈에 모자란 모습에서 결코 벗어날 수 없습니다.

아버지나 어머니의 세력이 너무 강한데 자녀와 같이 한 집에 같이 살 경우 자녀의 운의 흐름이 크게 나쁘지 않아도 이상하리만치 취업이나 결혼이 순탄치 못한 집이 많습니다. 이런 자녀분들이 저를 찾아오면 돈이 좀 들더라도 독립하라고 조언합니다.

부모님이 찾아온다면 자녀를 집에서 내보내 독립을 시켜보면 취업도 결혼도 할 수 있을 거라고 말합니다. 그러면 부모님들은 자녀가 제 앞가림을 하지 못하는데 자신의 품에 있으면 밥이라도 제대로 챙겨 먹고 다니지 않겠냐고 합니다. 심지어 자녀를 내보내면 제대로 살겠냐고 걱정하는데 그것은 기우에 불과합니다. 부모가 붙잡고 있으니 자녀의 발복이 이뤄지지 않는 겁니다.

부모가 보는 자녀의 모습이 전부일 리 없습니다. 부모의 눈에는 그저 한없이 부족해 보이는 자녀라도 자신이 원하는 길에 들어서면 부모의 기대보다 사회활동을 잘해낼 수도 있습니다. 부모의 사랑이 없어도 부모의 덕이 없다고 볼 수 있지만 사랑이 넘쳐도 덕이 없다고 봅니다. 자신이 낳은 아이인데 자신이 모르면 누가 알겠냐 싶겠지만 너무 가까우면 더 안 보이는 법입니다.

자신의 자녀에게 부모로서의 기대와 자신의 꿈을 투영시키고 있진 않나요? 자신과는 성격부터 가치관까지 모두 다른 자녀를 대하며 무조건 틀리다고만 생각하진 않나요? 내가 낳은 내 새끼를 왜 내 맘대로 못하느냐고 생각하진 않나요? 자녀도 한 사람으로 태어났을 때부터 부여된 자신의 삶을 살고 있습니다. 자녀와 가장 가까운 부모의 첫 번째 역할은 길을 정해주는 것이 아니라 자녀가 자기 삶을 잘 살아낼 수 있도록 응원과 격려를 해주는 것입니다.

당신도 운을
벌 수 있습니다

2부

인간
관계와
인연

관계에도
분별이
필요합니다

인간관계에서
눈치 보기도
이제 지칩니다

세상 모든
사람들에게
좋은 사람이 될
필요는 없습니다.

사주에 인덕人德을 나타내는 글자가 없거나 손상됐을 때는 육친六親의 덕이 없다고 합니다. 예를 들어 엄마를 나타내는 인성이라는 글자가 없는 무인성無印星 사주라면 엄마 덕이 없다고 봅니다. 사주에 없는 글자로 인한 리스크가 분명 있지만 인간은 본능적으로 자신에게 없는 것을 채우기 위해 노력하며 살아갑니다. 즉, 인덕이 없다면 자신의 노력으로 얼마든지 채워 넣고 극복할 수 있습니다.

언젠가 한 내담자가 직장 내 인간관계로 극심한 스트레스를 받고 있다며 상담을 진행했습니다. 자신의 성격에 대해 질투도 시기도 많은데 소심하기까지 하다고 표현했습니다. 고해성사 같은 이야기를 꺼내는 바람에 첫 상담부터 시간을 넘길 정도였습니다. 이후에도 마음이 답답했는지 세 번이나 저를 찾아왔습니다. 특히 이직 후에 새롭게 만난 동료들과의 관계 때문에 여전히 힘들어했습니다.

그분의 이야기를 가만히 들어보니 직장생활을 하며 만나고 부딪히는 동료들의 반응 하나하나까지도 무척 신경을 쓰고 있었습니다. 무엇보다 자신이 한 말에 대한 확신이 없어 보였습니다. 대수롭지 않은 말을 하고 나서도 정작 자신이 혹시 말실수를 한 것은 아닌지, 상대방이 자신의 말에 상처를 받지 않았는지 고민하며 눈치를 살피느라 힘들어하는 경우가 많았습니다.

내담자는 "저는 인덕이 없나요?"라고 물었습니다. 내담자는 직장에서 만나는 사람들이 다 자신의 마음 같지 않으니 '나는 왜 나와 마음 맞는 동료는 만나질 못하는 걸까?'라고 생각해 이런 물음을 던지는 것 같았습니다. 인덕이 없다고 생각하는 내담자의 생각은 반은 맞고 반은 틀린 겁니다. 그리고 지금 겪는 문제들은 인덕의 문제라기보다는 내담자의 성격 탓이 컸습니다.

자존감이 강한 사람은 대인관계에 어떤 일을 겪어도 본인이 타격을 크게 받지는 않습니다. 자발적인 고립을 하기도 하고 상대방이 싫으면 안 보면 그만이라고 생각해 오히려 직장을 박차고 나오는 등 먼저 선을 그어버립니다. 상처받을 일이 없다기보다 무조건 내 탓으로만 생각하지 않으니 행동이 앞설 수 있는 겁니다. 그것의 좋고 나쁨을 떠나서요.

인간관계 때문에 혼자 끙끙 앓는 사람은 대체로 소심하다고 말하는 성격을 가진 분들입니다. 그런 분들이 고통스러운 건 그때그때 자신의 감정이나 의견을 제대로 표현하지 못했기 때문입니다. 상대방에게 하고 싶은 말을 하지 못하고 참으면 시간이 지나면 지날수록 후회가 커지고 결국 피해의식으로 남습니다.

이런 과정에서 상대방과의 대화나 교류 없이 온전히 혼자서만 끙끙 앓는 식으로 이어질 때 문제가 발생합니다. 자신의 생각과 감정을 표현할 타이밍을 놓쳤기 때문입니다. 경우에 따라서는 좋지 않은 감정들이 쌓이고 쌓여 결국 억울함만 남아 홧병까지 키우게 됩니다. 감정을 남김없이 표현한다고 해서 좋은 건 아니지만 다스려지지 않은 감정들을 억누르기만 하는 것도 좋지 않습니다.

감정을 억누르는 것은 다른 누구도 아닌 스스로가 자신을 감정적으로 혹사시키는 가혹 행위라고 생각합니다. 스스로 소심하다거나 할 말을 못 하고 산다고 생각하는 사람들은 상대의 행동이나 반응에 초연해질 필요가 있습니다. 상대방의 행동과 말 하나하나에 의미를 부여하고 혹시 저 사람이 나를 나쁘게 보는 건 아닐지 지나치게 의식한다면 결코 인간관계에 도움이 되지 않습니다.

눈치를 보는 행위 자체가 스스로를 을의 입장으로 만들어버리는 행동입니다. 관계를 개선하고 싶다면 먼저 나 자신의 행동과 말에 자신감을 가질 필요가 있습니다. 무조건 상대의 눈치를 보고 맞출 게 아니라 무엇이 문제인지부터 정확히 알 필요가 있습니다. 정말로 상대가 자신과의 관계에서 문제를 느끼는지부터 짚어봐야겠지요.

살아가면서 늘 좋은 사람이 되어야 할까요? 누구라도 세상 모든 사람에게 좋은 사람으로 살아갈 순 없습니다. 어차피 타인에 대한 평가는 주관적입니다. 인간에 대한 판단은 절대적 일인칭 시점에서 이뤄집니다. 내가 다른 누군가에겐 항상 좋은 사람일 수는 없습니다. 다른 누군가와는 관계가 틀어져 천하의 나쁜 사람으로 살아갈 수 있는 겁니다.

저 역시 인간관계 때문에 스트레스를 받기도 합니다. 인간관계로 힘들어하던 젊은 시절, 선배에게 들었던 말이 많은 위로가 됐습니다. "내게 소중한 사람들에게 좋은 사람이면 된 거다." 또 이런 말도 있지 않나요? "예수도 안티가 칠천만이다!" 인간관계는 직장인에게 떼려야 뗄 수 없는 숙명과도 같은 문제지만 인간관계에 초연해질 필요가 있습니다.

인연因緣인 사람은 내 곁에 남게 되고 인연이 아닌 사람은 떠나갑니다. 연인 사이에만 인연이 존재하는 건 아닙니다. 사람 사이의 관계가 다 그렇습니다. 처세를 나쁘게 하고 살라는 이야기가 아닙니다. 내 마음도 내 마음대로 안 되는데 남의 마음이 어디 내 마음대로 다 될까요? 내게 등을 돌린 사람이 있다고 해서 나라는 존재 자체가 모두에게 나쁜 사람은 아니라는 겁니다. 그저 나와는 맞지 않은 사람, 나와는 인연이 아닌 사람일 수 있는 겁니다.

내게 등을 돌리는 사람들에겐 때론 초연한 마음도 필요하다고 봅니다. 만인의 연인이 될 수 없듯이, 만인의 친구도 만인의 동료도 될 순 없습니다. 내 곁에서 나와 인연을 이어나가는 소중한 사람들이 있습니다. 그리고 묵은 인연을 청산하면 새 인연이 또 오기 마련입니다. 그러니 내 곁에 있는 소중한 사람에게 집중해보세요. 그 사람들 눈에 비친 나의 모습은 좋은 사람입니다.

자아가 강하다는 말을
자주 듣습니다

세상은
그 누구도
혼자서 살아갈 수
없습니다.

사주로 자아가 강한 사람을 어떻게 알 수 있을까? 만세력萬歲曆을 보면 윗줄 왼쪽에서 두 번째에 나의 일간日干을 나타내는 글자의 색깔이 있습니다. 수 일간은 검정색, 목 일간은 초록색, 화 일간은 빨간색, 토 일간은 노란색, 금 일간은 흰색입니다. 나와 같은 색깔의 글자가 많은 사주를 신강身强, 혹은 신왕身旺한 사주라 표현하는데(반대로 나와 색깔이 같은 글자가 없다면 신약[身弱]한 사주[四柱]) 고집도 세고 자아가 강한 성격일 가능성이 높습니다.

소심한 사람들이나 인간관계로 고민을 한다고 생각하는 분들이 많을 겁니다. 고민이라기보다는 하고 싶은 말을 다하지 못해 속앓이를 하는 순간이 많다 보니 쌓이고 쌓여 큰 고민으로 이어지는 게 아닐까 싶습니다. 이런 분들은 겉으로 보기에 세 보이는 분들을 부러워합니다. 자신도 하고 싶은 말을 다하고 살고 싶어 할 겁니다.

그런데 의외로 자아가 강한 분들도 인간관계로 고민을 합니다. 자아가 강한 분들 중에는 주로 자기 주변에 사람이 모이지 않아 고민인 분들이 많습니다. 사람들이 자신을 어려워한다고 느끼면서도 자신의 강한 성격을 다스리질 못해 주변 사람들과 잘 섞이지 못하거나 다른 사람 밑에서 일하는 걸 힘들어합니다.

그럼 성격이 강한 사람들은 혼자서 일할 수 있는 자영업이나 사업만 해야 할까요? 아닙니다. 직장이든 자영업이든 사람 살아가는 모습은 다 똑같습니다. 결국 자신의 성격 때문에 힘든 건 소심한 사람이나 그렇지 않은 사람이나 다를 게 없습니다. 어디서든 참아야 하고 견뎌야 하고 맞춰야 하죠.

하지만 많은 사람이 욱하는 마음에 자리를 박차고 나와 구멍가게를 차려도 내 사업을 하겠다고 생각합니다. 처음부터 관리자, 임원급으로 시작해 사람을 부리는 사람은 드뭅니다. 직장생활이든 자영업이든 성격이 우선순위가 될 리 없으니 밑에서부터 차근차근 한 단계씩 올라가야 합니다. 그럼 관리자나 임원급이 됐다고 사회생활이 순탄할까요? 의외로 그렇지도 않습니다. 높은 자리에 올라서도 고민은 계속됩니다.

군중 속 외로움lonely in a crowd이라는 말이 있습니다. 아랫사람을 아무리 많이 거느리고 있어도, 내 주변에 사람이 아무리 많아도 그들이 마음으로 따르지 않으면 사업이 잘돼서 통솔하는 위치에 있어도 진짜 내 사람이 없다는 생각에 외롭습니다. 많은 사람 속에 있어도 떨칠 수 없는 외로움, 바로 군중 속 외로움이 아닐까 싶습니다.

최근 내담자 중에 아랫사람들은 자기를 어려워하고 윗사람은 자기를 다루기 어려운 부하직원으로 말하는 것을 들었다는 분이 고민을 털어놓았습니다. 그분의 사주를 들여다보니 타고난 성격 자체가 어려워할 만한 분이었습니다. 그래도 그분은 자신이 누군가에게 편한 사람이 아니라는 걸 스스로 알고 있었습니다. 하지만 자아가 강한 분들은 의외로 자신이 자아가 강한 줄 모르는 경우가 많습니다. 무조건 내가 맞고 나와 다른 사람이 윗사람이든 아랫사람이든 틀렸다, 일을 잘 못한다고 치부하며 무시해버리는 겁니다.

단순히 자아만 강하고 자아 성찰이 되지 않은 분들이 관리자가 되면 아랫사람들에게 상사인 자신의 말을 무조건 따라야 한다고 생각하기 쉽습니다. 자신이 앉은 자리가 곧 무기인 셈입니다. 이런 분들은 정말로 군중 속 외로움을 느낄 수 있습니다. 스스로 자신의 의견만 앞세우며 강압적인 처세를 하는 건 아닌지 돌아볼 필요가 있습니다.

나와 맞는 사람과 맞지 않는 사람을 지나치게 고르고 거르는 경향이 있는 분들이라면 이제는 주변을 둘러보는 것이 좋습니다. 너무 늦어버리면 정신을 차리고 주변을 둘러봤을 때, 주변에 아무도 남아 있지 않습니다. 특히 관리자로 있는 분들이라면 함께 일하는 사람들 입장을 조금 더 생각해보면 좋습니다. 나는 이러이러해도 되는 위치라고 생각하는 순간 군중 속 외로움의 씨앗이 됩니다.

자신이 정말 괜찮은 리더라면 자신이 어려움에 닥쳤을 때 조직원들이 함께 움직여줄 겁니다. 반면 자리를 무기로 삼는 리더였다면 위기가 왔을 때 조직원들은 모두 새로운 실세가 된 리더를 찾아 떠나갑니다. 좋은 운도 나쁜 운도 영원하지 않다는 걸 기억해야 합니다. 즉, 운기가 나쁘게 흐르면 자신의 자리가 위태로워졌을 때 아랫사람들로부터 역따돌림을 당할 수 있습니다. 결과는 언제나 자신이 살아온 시간이 쌓이고 쌓여 이루어진 것입니다.

그릇이 큰 좋은 리더라면 주변 사람과 늘 소통할 자세를 갖추고 있습니다. 또 아랫사람은 자신이 먼저 어려운 사람이 되지 말자는 생각을 갖춘 리더의 말에 움직이고 따릅니다. 자신의 밑에 있는 사람들이 나를 어려워한다고 느끼면 한 번쯤 자신을 더 낮추고 사람들을 헤아려보는 시간을 가지는 것이 좋습니다.

스스로 그릇이 큰 사람, 이왕이면 사람들이 따르는 우두머리가 되고자 한다면, 구멍가게 사장이 아닌 여러 사람을 아우르는 사람이 되고자 한다면 늘 소통하는 자세를 갖춰야 합니다. 그러면 조직원들을 통솔하고 화합하는 일이 오히려 수월해질 겁니다. 무엇보다 리더로서 느끼는 외로움이나 고충이 줄어들 겁니다.

언젠가 자발적 고립을 선택해 혼자 인생을 즐기는 분을 만난 적이 있습니다. 세상과 타협하지 않겠다며 마이웨이로 살아가는 분이었습니다. 자신의 다짐처럼 어떤 굴레에도 속박되지 않은 채 소수의 사람들과 관계를 이어가며 자신이 하고 싶은 일을 하며 살아가는 것처럼 보였습니다. 자신의 생각대로 자신을 기준으로 삼아 살아가는 모습이 멋있어 보였습니다. 인간관계나 사회생활이 꼭 필요할까 싶은 생각도 들었습니다. 그분을 만날 때마다 참 멋있게 산다, 용기 있는 선택을 했다는 생각이 들었습니다.

하지만 마이웨이가 멋있다는 생각을 바꾸게 된 계기가 있었습니다. 인간이 살아가면서 세속의 기운을 받지 않으려면 속세를 떠나 사시는 스님들처럼 산속에 들어가 살아가는 방법 말고는 없습니다. 그런데 그분은 스님들처럼 속세를 떠나진 않았습니다. 어쨌든 살아가려면 먹어야 하고 돈을 벌어야 합니다. 돈이 정말로 무의미한 삶을 살아가는 분은 아니었기에 금전적인 문제로 큰 위기를 겪기도 했었습니다. 그런데 어떠한 공동체나 조직에도 속해 있는 분이 아니다 보니 위기가 닥쳐왔을 때 실질적인 도움을 줄 만한 사람이 주변에 없었습니다.

인생의 힘든 시간을 홀로 보내는 걸 보고 나니 속세를 완전히 떠나 운의 영향을 전혀 받지 않고 살면 모를까 결국 인간은 혼자 살 수 없다는 생각이 들었습니다. 결국 모든 걸 완전히 버리지 못한다는 의미입니다. 모든 관계를 맺지 않고 살아가려면 일단 어떠한 굴레에도 속하지 않는 방법밖에는 없습니다. 하지만 어떤 식으로든 재물 활동을 해야 한다면 관계에서 자유로울 수 없습니다.

제아무리 아무런 욕심도 없다며 사회를 지탄하더라도 자신의 물욕을 완전히 버릴 순 없었습니다. 어쨌든 인간은 살아가려면 돈이 필요하니까요. 관계를 맺지 않고 재물 활동을 할 수 있는 방법이 있을까요? 하다못해 자영업을 할 때 상대하는 손님도 관계로 이어진 인연입니다. 그러니 우리는 내 위치의 높고 낮음과 상관없이 인연이 닿은 사람들에게 무례하지 않고 예의를 갖춰야 할 이유가 충분합니다.

영원히 왕좌에 앉아 있는 사람은 없습니다. 대통령 임기도 5년이면 끝이 납니다. 당장 눈에 보이는 것보다 시간과 마음을 들여 천천히 쌓아올리는 진심이 결국 인연의 힘이 되는 게 아닐까요? 좋은 운을 잡으려면 그 운이 왔을 때 좋은 운을 누릴 수 있는 준비가 돼 있어야 합니다. 사람들이, 동료들이, 부하직원들이 날 어려워한다면 먼저 다가가보세요. 상하관계라도 노력이 필요합니다.

먼저 다가서기 어렵기만 한 상사라면 결국 마음이 맞아 진심으로 따르는 팀원을 만들지 못할 수도 있습니다. 위기가 닥쳤을 때 팀원들이 의리 없이 떠나버릴 겁니다. 태세는 한순간에 뒤바뀔 수 있으니까요. 내가 상사여도, 갑이어도 오만함을 좀 접고 결국 낮추고 노력하는 마음, 상대를 대하는 진심이 필요합니다.

'나 혼자 산다'의
진짜 의미

온전히 나만을 마주하며
내면을 다지는 시간,
천상천하 유아독존 天上天下唯我獨尊

스스로 온전히
나를 책임지는
시간을 가지세요.

혼자 있는 시간은 자신에게 긍정적인 효과를 주는 힘이 있습니다. 누군가 곁에 있다면 신경 써야 할 것들이 생기기 마련입니다. 하지만 혼자 있을 때는 타인을 배려하지 않아도 되니 온전히 자신에게 집중할 수 있다는 것이 가장 큰 장점입니다. 바꿔 말하면 자신만을 배려할 수 있는 시간이기도 합니다. 자신의 생각이나 보고 듣고 맛보고 느낀 감정들에 충실한 시간을 누릴 수 있습니다. 저는 이런 시간을 온전히 내가 나일 수 있고 나만이 존재할 수 있는 천상천하 유아독존天上天下唯我獨尊의 시간이라 부르고 싶습니다.

사람을 사귀거나 누군가를 만나는 일 자체로 피로감을 느끼거나 스트레스를 받는 분들이 있습니다. 사람을 만나고 사회생활을 하는 것이 힘들 정도는 아니지만 자신이 불편을 느끼는 선을 누군가 조금만 넘으면 제동이 걸리는 분들도 있을 겁니다. 이런 불편함을 토로하면 예전엔 사회생활에 문제가 있는 성격으로 여기기도 했습니다. 억지로라도 참고 사람을 사귀는 법을 알아야 한다고 생각하기도 했습니다. 하지만 요즘은 점심시간에 혼밥을 하고 혼자 영화를 보고 혼자 여행을 다니는 정도는 개인의 취향으로 존중받는 분위기입니다.

저도 혼자가 편한 쪽에 속합니다. 20대 시절 제가 혼자서 밥을 먹고 있으면 사람들이 힐끔힐끔 쳐다보곤 했습니다. 대학 시절 친구와 여행을 다녀오고서야 비로소 혼자가 편하다는 것을 깨달았습니다. 저는 예민한 성격 탓에 잠자리만 바뀌어도 잠을 자기 힘들어합니다. 그런데 시차 적응도 되지 않은 상태로 낯선 여행지의 호텔에서 누군가와 함께 있으니 여행 내내 잠을 거의 잘 수가 없었습니다.

성인 여성 둘이서 여행을 하는 것이 말처럼 쉽지 않았습니다. 예를 들어 저는 흥미가 없는 여행지이지만 상대는 꼭 가야한다고 우길 때도 있고, 반대로 저는 반드시 가야 한다고 생각한 여행지이지만 상대는 너무 멀어서 가고 싶어 하지 않을 때도 생깁니다. 결국 여행지에서 의견 차이 때문에 옥신각신하며 즐거운 여행을 하지 못했습니다.

세상에서 가장 좋아하는 여행이었지만 당시 여행은 고통스러운 시간을 보냈던 기억으로 남아 있습니다. 인천공항에 돌아와 친구와 어떻게 헤어졌는지도 모르겠습니다. 그 후 한동안 누군가와 여행을 가는 것 자체가 두려움이 됐습니다. 아예 시도조차 하지 못했던 것 같습니다.

제가 20대였던 시절에는 혼밥을 하는 사람이 타인의 시선을 받았지만 세월이 흘러 지금은 식당에도 혼밥을 위한 자리가 마련돼 있습니다. 심지어 고깃집에서도 혼자 고기를 구워 먹을 수 있는 세상이 됐습니다. 혼자 여행을 가도 인터넷 여행 커뮤니티를 통해 나 홀로 여행을 떠나는 사람들끼리 여행지에서 만나 현지 무한리필 음식점도 갈 수 있는 세상입니다. 혼자서 시간을 누리는 사람을 이해하고 받아들일 줄 아는 세상이 된 것 같습니다. 혼자 있는 시간을 즐기는 사람들이 당당할 수 있는 세상이 된 겁니다.

저는 기혼에 아이가 있습니다. 그러다 보니 비혼주의를 외치며 상담소를 찾는 내담자들이 너무 멋있어 보입니다. 제가 "비혼주의를 응원합니다."라고 말할 때마다 내담자들은 웃으시지만 저는 정말 진심입니다. 혹자는 제가 결혼을 했으니 자신이 가지 않은 길이 더 좋아 보여 그러는 것 아니냐고 말하곤 합니다. 그렇지 않습니다. 결혼을 했기 때문에 개인의 인생을 갉아먹는 비극悲劇적 단면을 잘 아는 겁니다. 물론 이것은 결혼의 일부분입니다.

"남들은 어떻게 생각할지 몰라도 저는 정말 결혼 생각이 없고 지금 혼자 일하고 사는 제 인생이 좋습니다."

비혼주의인 내담자들이 제게 하는 말이 정말 진심이라는 것을 알고 있습니다. 그러니 당당해지세요. 어떤 굴레에도 얽매이지 않고 사는 삶 그 자체로 아름답습니다.

저뿐만 아니라 혼자 있는 시간을 즐길 줄 아는 분들은 개인의 삶이 얼마나 소중한지 잘 알 겁니다. 저도 늘 혼자일 수 있었던 결혼 전에는 혼자만의 시간이 얼마나 소중한지 잘 몰랐습니다. 그때 알았더라면 조금 더 많이 온몸으로 누렸을 텐데 말이죠.

저는 혼자 있고 싶은데 혼자 있을 수 없는 시간이 고통으로 다가올 때면 TV에서 방영하는 〈나 혼자 산다〉를 보며 대리만족을 느꼈습니다. 혼자 있는 시간을 잃은 제가 혼자 있는 시간에 대한 예찬을 하자면, 누구의 의견도 섞이지 않고 내 머릿속의 생각들을 천천히 내 의지로 정리하고 판단할 수 있는 힘을 주는 시간입니다. 또 누군가와 대화하느라 놓쳤던 풍경을 세심하게 바라보고 감상할 수 있는 여유를 주는 시간입니다. 멋지고도 낯선 여행지의 풍경을 그 어떤 사람에게도 방해받지 않고 온전히 원하는 만큼 느끼고 누릴 수 있는 시간입니다.

저는 쉽게 결정을 내리지 못하거나 선택하지 못하는 분들, 리더십이나 추진력이 부족한 분일수록 혼자만의 시간을 가져보라고 권합니다. 혼자만의 시간은 다른 누구도 아닌 자신이 주체가 되는 시간입니다. 따라서 선택도 결정도 자신이 아니면 아무도 해주지 않습니다. 그에 따른 시행착오도 자신이 책임져야 하니 갖은 실수와 경험을 통해 좀 더 나은 혼자만의 시간을 보낼 수 있습니다.

반면 나 홀로 떠나는 여행은 누구에게도 의지할 수 없으므로 조금 더 긴장해야 하고 더 계획적일 수밖에 없습니다. 패키지여행처럼 남들이 짜놓은 계획에 자신을 맡기지 않고 한번쯤은 주체적인 삶을 살고 싶다고 생각한다면 준비 운동 삼아 혼자 먼 곳으로 떠나보라고 말씀드립니다. 여행에 필요한 교통편부터 음식까지 하루만 혼자서 생각하고 결정해보면 그 과정이 얼마나 나를 주체적인 나로 만들어주는지 알 수 있습니다. 나 혼자 누리는 시간을 계획하거나 자유롭게 즐기면서 내가 주체가 되는 겁니다.

이제 더는 혼자 시간을 보내는 사람을 친구나 애인이 없는 사람으로만 보지 마세요. 혼자 밥을 먹고 영화를 보고 여행을 가는 사람은 주체적인 삶을 사는 사람들입니다. 그 누구의 도움도 없이 혼자 결정하고 책임지는 시간을 누리는 사람들이니까요. 그래서 저는 죽을 때까지 자신의 인생을 오롯이 혼자 계획하고 책임지며 살아가는 비혼주의를 멋있다고 생각합니다. 그 누구도 그들만큼 주체적일 수 없다고 생각합니다.

이제 주말마다 수많은 인파 속에서 영화를 보고 밥을 먹는 일에 쭈뼛쭈뼛할 필요 없습니다. 그리고 누군가와 함께 시간을 보내는 분들도 더는 홀로 시간을 보내는 분을 보며 이유 없는 우월감에 젖을 필요도 없습니다. 눈빛으로 응원해주세요. 무엇보다 다른 누구의 시간이 아닌 나의 시간이 절실한 분들은 나 혼자 보내는 하루부터 시작해보세요. 혼자서 온전히 계획하고 누리는 그 시간은 가슴 벅차게 행복할 겁니다.

매너는 사람을 만들고
노력은 인연을 만듭니다

먼저 다가가
귀인을
얻으세요.

사람들은 나이를 먹어가는 과정에서 자연스럽게 노년을 홀로 외롭게 보내지 않을까 걱정합니다. 늙고 병들어 도움이 필요할 때 나를 도와줄 사람, 인덕을 본능적으로 원하게 되는 것이라 생각합니다. 인덕은 결국 어려움이나 곤경에 처한 나를 돕는 귀인貴人을 말합니다. 그런데 이 인덕을 얻는다는 것 자체가 결국 내 처세에 달렸습니다. 자신의 사주에 인덕이 부족하다면 이를 보완할 수 있는 개운법을 실천하고 살아가는 것만으로도 이미 달라지고 있는 지도 모릅니다.

　역학에서 인덕은 자주 언급됩니다. 남녀노소를 막론하고 많은 사람이 원하는 덕목 중 하나이기도 합니다. 인덕의 사전적 의미는 "다른 사람의 도움을 많이 받는 복"입니다. 역학에서 인덕이 없다는 것은 사주에 비겁比劫이 없고 인성이 없을 경우를 말합니다.

　비겁은 비견比肩과 겁재劫財를 의미합니다. 비견은 '견줄 비比', '어깨 견肩', 즉 나와 어깨를 나란히 하는 사람, 동료, 친구들이고, 겁재는 '빼앗을 겁劫', '재물 재財', 즉 나의 재물을 두고 뺏고 뺏기는 경쟁을 해야 하는 사람들입니다. 결국 살면서 만나는 대부분의 사람들이 비겁에 해당됩니다. 인성은 나라는 일간에 힘을 실어주는 역할이자 어머니로 봅니다. 자신의 사주에 비겁, 인성이 모두 있다면 살면서 부모, 형제는 물론 사회에서 만나는 모든 사람이 내 삶에 늘 존재한다는 의미입니다. 그들에게 도움을 받을 수 있고 또 자신이 도움을 줄 수도 있습니다.

　비겁과 인성이 없는 분들은 소위 마당발처럼 인간관계가 넓지 않습니다. 자신에겐 많은 친구나 넓은 인맥은 필요 없다고 생각하는 사람도 많습니다. 설령 친구나 인맥이 있다 해도 모두 만나며 살지도 못하고 귀찮게 생각해 마음이 맞는 친구 몇 명을 두고 지내는 사람도 많습니다.

만약 사회생활을 하지 않고 친구들만 만나며 지내는 인생이라면 고민할 일이 전혀 없을 겁니다. 하지만 자신의 사주에 비겁과 인성이 없는 분들은 사회생활을 하면서 만나는 '비겁'들 때문에 힘들어합니다. 직장에서는 팀원들과 잘 지내지 못해 겉돌기도 하고, 자영업을 할 경우에는 단골을 만드는 것을 어려워하기도 합니다.

또 이런 분들은 적극적으로 나서는 추진력도 부족합니다. 눈치가 좀 없을 수 있는데 그마저도 자신이 인지하지 못하는 편입니다. 말주변이 없어 타인에게 거슬리는 말투나 행동을 하지만 정작 자신은 이유를 잘 모릅니다. 어쩌면 인덕이 없다는 것은 결국 자신의 성향과 행동에서 비롯된 결과일 수 있습니다.

자신의 사주에 비겁과 인성이 없다면 스스로가 적극적으로 타인과의 관계를 만들어가는 힘이 부족할 수 있습니다. 사주에 비겁과 인성이 없어 인연을 만들어가는 힘이 부족하다면 인연의 도움을 받아야 하는 운이 찾아왔을 때 도움 하나 받을 수 없습니다. 심지어 자신의 것을 빼앗아 가기만 하는 사람들 때문에 힘들 수 있습니다. 그러니 평소 주변 사람들을 한 명 한 명 대하는 자세를 신경 쓰면 좋습니다.

　제 상담 경험상 비겁이 없는 분들은 타인의 일에 무관심합니다. 타인의 일에 감정이입이 잘 되지 않고 발 벗고 나서서 도우려는 의사를 내비치는 일에도 굉장히 소극적인 편입니다. 이런 분들은 조금 귀찮고 번거롭더라도 평소에 인맥 관리를 조금씩이라도 해두면 도움이 됩니다. 인맥 관리는 대단한 일이 아닙니다. 만약 누군가를 만나 밝고 좋은 기운을 느낀다면 본능적으로 그 사람에게 끌린 것일 수 있습니다. 이것을 운명 혹은 인연이라 합니다.

　경조사나 명절에 안부를 묻거나 챙기는 정도만 해도 인연의 끈이 완전히 끊어지지 않습니다. 밸런타인데이나 화이트데이와 같은 이벤트를 핑계로 함께 일하는 동료에게 작은 선물을 나누는 정도로도 충분합니다. 작은 초콜릿, 사탕 하나이지만 주는 사람도 받는 사람도 그 순간에는 작은 행복을 느낄 수 있으니까요.

　간혹 이런 이벤트를 상술로 폄하하는 분들도 있지만 서로서로 작은 행복을 느낀다면 충분한 가치가 있습니다. 하지만 비겁과 인성이 없는 분들은 주변 사람들을 위해 작은 선물 정도도 잘 챙기지 못합니다. 밸런타인데이나 화이트데이 같은 날들을 기억하고 신경 쓰는 것 자체를 어려워하는 분도 많습니다. 만약 상대방의 도움이 필요한 순간이 찾아오면 평소 인연을 잘 쌓아두지 않은 자신의 결점이 드러나고 말 겁니다.

사실 우리는 자신에게 없는 것을 얻기 위해 평생 노력하며 살아갑니다. 학생이라면 학위를 얻기 위해 시간과 노력을 들여 열심히 공부할 것이고, 사회생활을 하는 사람이라면 돈을 벌기 위해 악착같이 일합니다. 또 인생을 함께 살아갈 배우자를 얻기 위해 노력합니다. 모두 다 자신에게 없는 것을 얻기 위한 노력들입니다.

현재 자신에게 무언가가 없다고 해서 영원히 갖지 못하리라는 법은 없습니다. 자신의 노력 여하에 따라 조금씩 채워가면 자신이 원하는 것을 얻을 수 있습니다. 누구나 어릴 때에는 아무것도 가진 것이 없지만 자라는 동안 많은 것들을 얻기 위해 노력합니다. 또 세상은 혼자 살아갈 수 있는 세상이 아닙니다. 돈을 벌기 위해 조직에 몸담거나 조직을 이끌어 나가려면 자신을 도와줄 타인이 필요합니다. 자영업자가 장사를 할 때도 손님이라는 타인이 필요합니다.

결국 자신이 먹고살아 가고자 한다면 타인이 필요하다는

이야기입니다. 인연을 만들기 힘들고 내버려둘 것이 아니라 자신이 먼저 나서서 인연의 끈을 잇기 위해 노력해야 합니다. 그런 작은 행동들이 쌓이고 쌓이면 길고 긴 인연의 끈으로 이어질 수 있습니다. 그러면 그동안 나를 귀찮게 하던 그 인연도 절박한 순간에 도움이 필요한 나에게 귀인이 될 수 있습니다.

자식을
이기적인 사람으로 만드는
엄마의 그릇된 사랑

**사랑받은 만큼
베풀 줄도
알아야 합니다.**

사주에서 육친은 자신과 자신의 인생 속에 얽힌 가족을 비롯한 사람들을 말합니다. 육친 중 인성은 엄마를 뜻합니다. 사주에 있는 인성이라는 글자를 보고 그 사람의 어머니가 자녀에게 어떤 사랑을 베풀었는지 알 수 있습니다. 인성이 제대로 갖춰졌다는 것은 결국 어머니의 젖을 잘 얻어먹고 자랐다는 뜻이기도 합니다. 아무리 따뜻한 어머니의 사랑이라도 지나치면 없는 것만 못할 수 있습니다. 내 아이만 예쁘다고 과잉보호해 키운다면 과연 아이가 올바르게 자랄 수 있을까요? 아마도 자기만 아는 사람이 될 겁니다. 즉, 인성이 과하면 이타적인 마음이 부족하고 나만 아는 사람이 될 수 있습니다.

저는 인성이 강한 사주를 자기애가 강한 사주라고 표현합니다. 조금 더 직설적으로 표현하면 이기적인 사람입니다. 물론 제 표현이 주관적일 순 있습니다. 본인의 인생만 떼놓고 보면 인성이 강한 사주의 장점은 무궁무진합니다. 하지만 인성이 강한 사람이 인간관계나 부부관계 같은 관계를 맺을 때 그 사람을 상대하는 타인은 힘들어할 수 있습니다.

부부관계의 갈등에 대해 상담을 하러 오는 내담자 중에서 배우자의 사주로 1, 2위 자리를 다투는 유형이 있습니다. 그중 하나가 바로 인성태과印星太過 사주입니다. 제가 기억하는 한 내담자는 남편이 집을 나갔다며 이혼 상담을 신청했습니다. 보통 아내가 집을 나가는 경우가 많다 보니 남편이 집을 나갔다는 말에 저는 당연히 외도 중인 애인에게 갔다고 생각했습니다.

그런데 내담자에게 전후 사정을 들어보니 남편이 아내와 사는 것이 숨 막힌다면서 집을 나간 것이었습니다. 내담자는 오랜 연애기간 끝에 결혼해 이제 겨우 1년 남짓한 결혼생활을 했을 뿐인데 도대체 왜 남편이 집을 나갔는지 모르겠다고 했습니다. 내담자의 사주를 살펴보니 종격從格에 가까운 인성으로만 이뤄진 사주였습니다.

인성은 사주에서 육친으로 어머니입니다. 어머니는 자녀에게 무조건적 헌신을 할 수 있는 유일무이한 존재입니다. 인성이 많다는 것은 곧 자신에게 무조건적 헌신을 할 수 있는, 다시 말해 자신에게 사랑을 줄 수 있는 사람이 많다는 뜻입니다. 바꿔 말해 인성이 많은 사주의 명주는 사랑을 많이 받는 사람이라는 뜻이기도 합니다. 그래서 인성이라는 글자의 유무를 두고 인덕을 논하는 겁니다.

인성이 태과한 사주의 내담자가 상담을 하러 오면 어머니와의 관계를 반드시 물어봅니다. 인성이 태과한 만큼 어머니의 사랑을 많이 받았고, 그 사랑이 자신에게 오롯이 긍정적으로 작용했다면 모친과의 관계가 유정有情하다 할 수 있습니다. 그러면 대부분 어머니의 사랑을 많이 받고 자랐다거나 어머니와의 관계가 여전히 좋다고 긍정적으로 답합니다.

반대로 어머니에 대해 부정적인 답을 내놓는 사람이라면 태과한 인성의 조후를 맞춰주는 운이 필요합니다. 유년 시절 어머니의 간섭과 통제가 심해 너무 힘들었다거나, 어머니로부터 벗어나고 싶었다거나, 어머니를 몇 년간 보지 않고 살고 있다거나, 가족사로 엄마와 일찍 헤어졌다거나 하는 등의 반응이 대표적입니다.

하지만 어머니의 사랑이 긍정적이었든 부정적이었든 지나치게 많이 받은 사람은 익숙한 어머니의 헌신이 너무나 당연할 수 있습니다. 자신이 가만히 있어도 늘 밥을 떠먹여주고 필요한 것들도 알아서 잘 챙겨줬으니 당연한 이치입니다. 태어날 때부터 어머니에게 지극한 사랑을 받았다면 누군가 자신을 위해 무언가를 준비하고 자신이 어려울 때 도와주는 것을 너무나 당연하게 생각합니다.

모든 것을 스스로 해내다 힘들어질 때 누군가의 도움을 받으면 상대방에게 고마운 마음을 느끼고 그러한 자신의 마음을 표현합니다. 늘 남들에게 도움을 받고 사는 사람이라면 어떨까요? 그런 사람들은 자신이 힘들 때 남의 손을 빌리는 것을 너무나 당연하게 생각합니다. 연인이 가방을 들어주는 것도 당연하고, 어머니가 다 큰 자식의 아침밥을 차려주는 것도 당연하게 받아들입니다. 자신이 연인의 짐을 들어주고 환갑이 넘은 엄마의 아침밥을 차려줄 생각조차 하지 않습니다.

누군가에게 사랑을 받아보지 못한 사람도 다른 사람에게

사랑을 주는 법을 모르지만, 누군가에게 받는 것에 익숙해져 당연하게 생각하는 사람도 자신이 먼저 나서서 주는 법을 알지 못합니다. 전자는 방법을 몰라 서툰 것이라고 해도 후자는 지금껏 어머니에게 받는 것을 당연하게 생각하고 늘 받고 살아온 탓에 지극히 이기적인 가치관이 자리 잡았기 때문입니다. 쉽게 말해 전자가 결핍이라면 후자는 이기주의에 불과합니다.

그래서 인성태과 사주인 사람은 사회생활, 단체생활, 연애, 결혼생활에서 애로가 많습니다. 양보하거나 희생하려는 마음이 들지 않기 때문입니다. 자기중심적으로 생각할 뿐 팀을 위해, 단체를 위해, 배우자를 위해 자신이 먼저 희생을 해야겠다는 생각을 하지 않습니다. 극단적으로는 자기 자녀에게도 이기적인 성향을 드러냅니다.

또 자신이 힘들거나 도움을 바랄 때 늘 옆에 도와주는 사람이 있었으니 성인이 돼서도 나이에 맞지 않게 위기 대처 능력이 떨어집니다. 만약 직장에서 책임을 떠안아야 할 일이 발생했을 때 남 탓을 쉽게 하기도 합니다. 자신이 궁리해 극복하고자 애쓰기보다 누군가가 대신 해결해주길 바라며 회피하려 듭니다. 하물며 자신이 희생했을 경우에 상대가, 배우자가, 조직이, 팀원이 자신의 행동을 반드시 알아주기를 바랍니다. 만약 자신의 희생을 제대로 인정해주지 않으면 자신이 굉장히 불합리한 대우를 받았다고 생각합니다.

배우자와 불화를 겪으며 고통받는 분들이 내미는 배우자의 사주를 보면 절반 정도가 인성이 너무 강한 사주입니다. 특히 남편이 강한 인성의 사주일 때는 아내의 희생과 노력을 너무나 당연하게 생각합니다. 자신은 힘들게 돈을 벌어 가정을 건사하는 대단한 가장이고, 아내는 자기 덕에 사는 사람으로 치부해버리기도 합니다.

요즘처럼 맞벌이를 하는 집이 많은 시기에는 문제가 더 심각해집니다. 인성이 강한 남편은 자신이 먼저 퇴근을 해도 절대 부엌에 들어가려 하질 않습니다. 결혼 전까지 분명 어머니가 출근 전에도 퇴근 후에도 밥을 차려줬을 테니까요. 실제로 어떤 여성은 자기 남편이 시댁에 가서도 팔십 노모에게 밥상을 받아먹는다고도 합니다.

아내가 인성이 태과해도 다를 게 없습니다. 맞벌이를 한다면 집에서 살림하는 누군가를 부러워하며 자신을 고생시키는 남편을 능력이 모자란 사람으로 치부하기도 합니다. 인성태과인 배우자와 사는 분들은 마치 자신이 언제 어디서든 손가락 하나만 까딱하면 달려오는 집사나 비서가 된 기분일 겁니다.

인기리에 방영된 드라마 〈더글로리〉에 등장하는 하도영이란 캐릭터에게는 또 다른 수식어가 있습니다. "나이스한 개새끼"입니다. 저는 인성태과를 이야기할 때면 바로 그 표현을 빌리고 싶습니다. 강한 인성의 기운을 제대로 활용하지 못하면 겉으로는 매우 바르고 도덕적인 사람으로 보이지만 내면은 자신만 알고 자신만 보이는 사람으로 결국 자발적 고립에 빠질 수 있습니다.

인성이 주는 끈기와 인내는 인생에서 큰 장점이 될 수 있습니다. 오랜 시간 공부를 해야 하는 교수나 연구원, 전문직종에 종사하는 사람들이 대부분 인성의 도움을 많이 받습니다. 유명한 작가나 예술가들의 사주에서도 인성의 힘은 대단합니다. 하지만 인성이 관계에서 잘못 발현되면 가장 가까운 사람을 가장 힘들게 만들 수 있습니다.

결국 인성은 어머니에게서 시작된다고 봅니다. 자녀의 사주에 인성이 많다면 긍정적으로 쓰일 수 있게 키워야 합니다. 자녀에게 자신과 관계를 맺고 살아가는 가족, 친구, 동료들의 소중함과 고마움을 늘 이야기해주는 것이 좋습니다. 눈에 넣어도 아프지 않을 내 아이에게 모든 것을 헌신하며 키운 시간이 제대로 받아들여지지 않는다면 어머니의 희생은 물론, 앞으로 사회에서 관계를 맺고 살아갈 사람들의 희생도 결국 너무 당연한 존재가 돼버릴 수 있습니다.

사람과의 관계는 이해타산이 정확히 맞아떨어지는 수학 공식이 아닙니다. 어떤 관계든 감정이 교류하기에 서로 맞지 않는 부분이 있을 수 있습니다. 만약 자신이 타인에게 도움을 주고 희생했다면 손해를 봤다고 생각해선 안 됩니다. 언젠가 자신에게 도움이 필요할 때 자신이 도움을 준 만큼 받을 수 있는 인간관계를 맺었다고 생각해야 합니다.

가슴속에 늘
사표 한 장
품고 사는 사람들

한곳에 정착하지
못하는 성향도
재능이 될 수
있습니다.

역마살驛馬殺만큼 대중적인 신살神殺도 없을
겁니다. 한곳에 정착하지 못하고 여기저기
떠돌아다니며 살아가는 운명을 뜻하는 말로,
사주는 잘 몰라도 역마살이라는 단어는 누구
나 많이 알고 있습니다.

농경사회에서는 한곳에 터를 잡고 정착해 농
사를 짓고 살아가는 것이 숙명과도 같았습니
다. 시대가 바뀌고 삶이 변화하면서 이제는
자신이 태어난 곳에서 한평생 살아가는 사람

은 드뭅니다. 그런 시대에 사주에 역마살이 있다면 다른 사람이 갖지 못한 또 하나의 재능이자 살아가는 동안 비범하게 쓰일 무기가 될 수 있습니다. 특히 무역업이나 해외사업으로 큰 돈을 벌어들이는 사람들은 모두 역마살과 인연이 깊습니다.

많은 사람이 20대 중후반이 되면 약속이라도 한 듯 사회에 나갈 준비를 합니다. 홀로서기를 시도하는 것입니다. 간혹 제대로 준비를 하지 못한 사람들도 자신을 백수로 바라보는 주변의 시선을 의식해 경제활동에 동참하기 위해 초조해합니다. 하지만 자신의 의지보다 주변의 시선이나 시기에 쫓겨 새 출발을 하게 되면 일이 자신에게 잘 맞는지, 자신을 얼마나 힘들게 할지 가늠할 수 없는 경우가 많습니다.

실제로 2년간 엉덩이에 욕창이 생길 정도로 앉아서 열심히 공부해 공무원이 됐다가도 출근 두 달 만에 안 맞아서 못 하겠다고 말하는 분도 있습니다. 또 정작 자신은 퇴사 고민을 하면서도 자녀가 대기업에 취업했다고 자랑하는 부모님이 눈에 밟혀 어쩔 줄 몰라 하는 분도 있습니다.

사회에 처음 진출하는 사람들을 위해 직업 적응 기간이라는 게 있다면 얼마나 좋을까요? 보통 회사에서 채용하는 인턴과 달리 성인을 위한 직업 체험의 시간 같은 것이 있다면 말입니다. 전문직이나 공무원에게 직업 적응 제도가 있다면 시행착오를 많이 줄일 수 있을 겁니다.

하지만 세상은 우리에게 그렇게 친절한 기회를 주지 않습니다. 우리 사회는 미성년자일 때는 관대할지 몰라도 성인이 되는 순간 독립이나 자립을 강요합니다. 또 시행착오를 겪는 청년들을 낙오자 취급하며 곱지 않게 바라보는 시선도 존재합니다. 자신이 선택한 길이 자신에게 맞지 않는다는 것을 깨달았을 뿐인데, 시행착오를 겪는 바보 취급하는 것입니다.

간혹 직장생활이 맞지 않는다거나 장사를 하면 좀 낫지 않겠냐는 식으로 진로에 대한 고민을 털어놓는 내담자들이 있습니다. 그런 분들의 사주를 보면 몇 가지 다른 공통점이 있습니다. 관성이나 일지日支, 월지에 역마살이 있는 경우 아침에 정해진 시간까지 출근해 하루 종일 한 장소에서 저녁까지 일하는 생활을 몹시 답답해하는 경향이 있습니다. 그리고 이직을 수시로 하며 살아갑니다. 혹은 관성이나 일지에 역마살이 있는 여성의 경우 배우자가 타 지역에 있어서 주말 부부로 지내거나 배우자를 따라 잦은 이사를 하며 역마살을 쓰는 분들도 있습니다.

역마살이 강하면 영영 공무원은 못 하는 것으로 생각하는 분들이 많은데, 그렇지 않습니다. 역마가 있어도 공무원 생활을 오래 지속하는 분들도 있습니다. 그분들에게 물어보면 다행인지 운명인지 여기저기 돌아다니며 일해야 하는 부서에서 근무하는 경우가 많습니다. 이렇듯 관성이나 일지, 월지에 역마살이 있으면 어떤 형태로든 여기저기 이동하며 일하는 사람들을 많이 봤습니다. 일 자체로 역마살을 자신만의 비범한 무기로 쓰고 사는 경우에는 자신의 일에 큰 불만을 갖지 않고 삽니다.

학습지 선생님이나 강사도 비슷한 경우입니다. 출근 카드를 찍고 사무실을 나와 하루 종일 외근을 하는 영업직도 해당됩니다. 제가 상담했던 분 중에는 마취과 전문의로 여러 병원을 수시로 오가며 일하는 의사도 있었습니다.

결국 직장생활이 맞지 않는다고 하는 분들은 자신이 자영업 팔자이기 때문이 아니라 회사라는 조직 체계에 답답함을 느끼는 것입니다. 조직생활을 해도 자유로운 분위기의 부서나 직군에서 하는 업무라면 직장이 답답하다거나 맞지 않는다고 생각하지 않고 오랫동안 회사를 다닐 수 있습니다.

만약 직장생활을 힘들어하는 이유가 역마살 때문이라면 퇴사를 하고서 자영업자로 살아가지 않고도 조금 더 자유로운 환경인 분야에서 큰 불만 없이 직장생활을 잘해나갈 수 있습니다. 그러니 지금 가슴속에 품고 있는 사표가 정말로 자신의 일이 적성과 능력에 맞지 않아서인지 타고난 역마살을 무기로 쓰지 못해서인지 짚어볼 필요가 있습니다.

직장생활이 답답하게 느껴질 때 자신은 자영업자 체질이라서 그렇다고 너무 성급하게 결론 내리지 마세요. 아무리 규모가 작은 장사라도 자신의 모든 것을 걸고 운영하는 것은 전혀 다른 문제입니다. 자신이 온전히 책임을 지고 이끌어가는 일에는 더 엄격한 통제와 규제가 필요한 법입니다.

또 역마살이라는 힘은 싫증을 잘 내는 성향으로 나타나기도 합니다. 역마의 기운이 강한 분 중에 자영업자의 꿈을 키우는 분들도 있지만 다른 한편에선 이직을 밥 먹듯이 하는 분들도 있습니다. 평균 2~3년에 한 번씩 회사를 옮기는 것도 신기한 일인데 기혼자 중에는 이직을 너무 자주 하는 바람에 배우자가 늘 불안해하는 경우도 많습니다. 무엇보다 역마를 자신만의 무기로 삼아 역량을 발휘하는 데 쓰지 못하고 살아가면 본인이 굉장히 답답해합니다. 실제로 역마의 기운이 강한 한 여성이 상담을 하러 저를 찾아온 적이 있는데 그분은 결혼 전에 이곳저곳을 돌아다니며 강의를 했다고 합니다. 결혼 후에는 연년생 아이를 낳아 수년간 육아에만 몰두하느라 우울증까지 겪었다고 합니다.

그렇다고 역마살이라는 기운을 직업의 변화로만 써야 하는 것은 아닙니다. 직장생활에서 힘든 부분은 인내하고 안정적으로 회사를 다니면서 주말 등을 이용해 여행을 많이 다니는 것도 도움이 됩니다. 기혼자라면 자주 회사를 옮길 것이 아니라 가족들과 함께 주말마다 집을 벗어나 먼 곳으로 다녀오는 것만으로도 충분히 역마의 기운을 해소할 수 있습니다. 강한 역마의 기운을 타고난 분들은 퇴사와 입사를 반복하는 대신 주말에 가족과 함께 이곳저곳으로 부지런히 여행 다녀보세요. 배우자의 불안도 잠재울 수 있을 뿐만 아니라 배우자와의 관계에도 도움이 됩니다.

현대 사회에서 역마살을 장점으로 활용하면 자신의 재능을 펼치는 큰 원동력이 될 수 있습니다. 남들보다 여기저기를 다닐 에너지가 있다는 것은 활동력이 있다는 의미이니까요. 이처럼 한곳에 안주하지 않는다는 것은 밀고 나가는 힘, 즉 추진력이 좋다는 뜻이기도 합니다. 그리고 새로운 변화를 잘 받아들인다는 것은 갑작스런 위기에 대처하는 능력이 남들보다 뛰어나다는 것을 의미하기도 합니다. 새로운 곳을 보고 새롭게 느끼는 게 많으니 남들보다 감정도 풍부합니다. 제아무리 역마살이라 할지라도 자신의 장점이자 강점으로 활용해 살아가느냐는 개인의 선택입니다.

당신도 운을
벌 수 있습니다

3부

재물과 운

부는
그릇 먼저
키워야 합니다

1

돈을 벌어도
왜 '텅장'일까요?

인생에서
권세와 부를
누리고 있다면
주변을 살피는
넉넉함을
가져야 합니다.

넘치면 모자란 것만 못하다는 말이 있습니다. 수천억을 담고 싶어도 그릇이 안 되면 넘쳐 나갈 뿐입니다. 사람은 누구나 태어날 때 각자 자신만의 재물 그릇을 가지고 태어납니다. 쉽게 말해 내 밥그릇이 없는 사람은 없다는 뜻입니다. 재복, 재물운財物運이라는 것은 결국 내가 가진 밥그릇에 얼마나 많은 밥을 담을 수 있느냐를 말하는 것이라 생각합니다.

누구든 자신의 재물 그릇에 가능한 한 재물을 가득 채우고 싶은 마음은 같을 것입니다. 세상에 돈 욕심 없는 사람은 없고, 이 세상을 살아가려면 어쨌든 돈이 필요하니까요. 현대 사회는 돈 욕심을 부리지 않고 재테크를 하지 않는 사람을 오히려 시대에 뒤처진 사람으로 바라보기도 합니다. 최소한의 노력으로 더 많은 돈을 벌 수 있는 방법들에 열광하고 그런 콘텐츠들이 쏟아져 나오는 세상입니다.

하지만 내가 아무리 갈증이 심해 물을 많이 마시고 싶어도 컵에 물을 채울 수 있는 용량은 정해져 있습니다. 무조건 물을 담으면 넘쳐 쏟아지기 마련입니다. 그저 물을 좀 더 많이 담으려던 것뿐인데 물이 넘치면 귀찮은 일이 생깁니다. 수건이든 휴지든 얼른 찾아서 넘친 물이 더 번지기 전에 닦아야 하겠죠.

물이 넘치면 다른 물건을 적셔버릴 수도 있습니다. 물이 넘친 것을 빨리 알지 못했을 때입니다. 정신을 차리고 보니 넘친 물에 다른 물건까지 젖어버려 사용할 수 없게 됐다면 물이 넘치는 것이 결코 작은 일이 아닐 겁니다. 실제로 몇 년 전 제가 가방에 넣었던 물통 뚜껑이 제대로 잠기지 않아 가방 안에 있던 책은 물론 가죽으로 된 지갑까지 흠뻑 젖어 사용할 수 없게 된 적이 있습니다. 물통 하나 관리를 못 해서 입지 않아도 될 금전적인 피해가 커질 수 있습니다.

물에 비교했지만 자신의 그릇이 넘쳐서 생기는 일이 가볍게 해결되지 않을 수 있습니다. 물을 재물로 대입해 읽어보세요. 재물이 넘치는 일은 결코 우습게 볼 일이 아닙니다. 어쩌면 물이 넘치는 것보다 후폭풍이 더 클 수 있습니다. 갈증보다 재정난이 우리를 더 힘들게 하는 건 당연합니다.

내담자분들 중에 돈을 많이 벌고 싶다거나 돈이 모이지 않는다고 토로하는 경우는 돈을 버는 능력이 부족해서라기보다 제대로 관리가 되지 않아 자신이 번 돈이 쌓이지 않기 때문입니다. 수십억, 수백억을 버는 분들도 관리가 되지 않는 돈 그릇 때문에 돈이 없다고 말하는 것을 보면 재물의 크기와는 별개의 문제입니다. 돈 그릇에 구멍이 나버리면 수백억도 시간이 걸릴 뿐, 언젠가는 바닥이 날 수밖에 없으니까요.

현금을 제대로 쥐고 있지 못하는 분들은 대체로 현금성 투자에도 인연이 없습니다. 대체로 상담을 오시는 분들은 이미 투자로 손실을 크게 보신 분들입니다. 그중 기억에 남는 현금성 투자운이 타고난 내담자가 있습니다. 이 내담자는 현금을 만지는 일을 하거나 그게 아니라면 개인 투자라도 하며 살 것 같은 사주였습니다. 말 그대로 손에 만져지는 현금 운을 타고난 명식命式이었기 때문입니다. 그분에게 "주식을 좀 하시나요?"라고 물었습니다. 아니나 다를까 세무 관련 일을 하고 있었고 주식도 오래한 분이셨습니다. 심지어 연봉보다 주식 투자로 버는 돈이 더 많다고 했습니다.

사주에서 말하는 재는 그야말로 우리가 손에 만지는 오만 원짜리 지폐나 백 원짜리 동전 같은 돈을 말합니다. 내 사주에 재가 없다고 돈이 없는 게 아닙니다. 대운이나 세운歲運에서 재가 들어오는 해에 무조건 돈이 들어오는 것도 아닙니다. 재운財運이 와도 나가는 돈인지 들어오는 돈인지 살펴봐야 합니다. 재가 많다고 해서 무조건 돈을 벌어들일 수 있는 것이 아니라는 말입니다. 또 현금성 재물에 대한 운이기에 부동산 운까지 좋다고 말할 수도 없습니다.

앞서 말한 내담자는 분명 재복이 있는 사람이었습니다. 상담을 왔던 시기가 대운으로도 세운으로도 재가 또 오는 해를 보내고 있었습니다. 목소리가 좋지 않았던 것으로 보아 무슨 사연이 있는 것 같았습니다. 그분에게 평소 기부를 좀 하는지 물었더니 긴 한숨과 함께 이야기를 털어놓았습니다.

"제가 사실 연초에 재미 삼아 사주를 보러 갔었습니다. 그런데 거기서도 똑같은 말씀을 하셨어요. 올해는 기부를 좀 하라고 하시더라고요."

그분이 만난 술사가 왜 기부를 권했는지 알 것 같았습니다.

"그럼 연초에 기부를 좀 하셨나요?"

"아니요. 그때는 뭐 그런 말이 귀에 들어올 리가 없으니 한 귀로 듣고 한 귀로 흘렸습니다."

역술가가 기부를 권하는 데는 여러 이유가 있겠지만 다른 것은 다 떠나서 액땜을 위해 권하는 경우가 가장 많습니다. 앞으로 안 좋은 일을 겪을지 모르니 미리 보시布施를 해서 덕을 좀 쌓으라는 의미입니다. 그래서 나쁜 운을 조금이라도 피해 가라는 의미로 연초에 기부를 권하는 겁니다.

대부분의 사람은 기부는 돈이 많거나 많이 버는 사람들이 할 수 있는 일이라 생각합니다. 기부가 반드시 거창할 필요는 없습니다. 요즘은 단돈 천 원부터 기부할 수 있는 방법도 있습니다. 큰돈을 기부해야만 보시가 아닙니다. 자신의 형편, 자신의 벌이에 맞춰 얼마든지 할 수 있습니다. 하루에 커피 한잔 덜 마시고 좋은 일에 쓰는 것 자체가 의미 있는 기부입니다. 자신보다 잘사는 사람들이나 하는 것이라는 생각은 버리세요.

내담자는 20년 가까이 주식 투자를 했고 연봉보다 더 큰돈을 벌었다고 했습니다. 올해 상반기에는 여느 해보다 큰 수익을 올렸다고 했습니다. 하지만 저에게 상담을 했던 시기에는 소비와 재투자로 인한 손실로 수익금이 하나도 남아 있지 않은 상태였습니다. 개인적인 문제로 현재 휴직 상태이기도 했습니다.

저는 이 내담자의 재물 그릇보다 큰돈이 들어와 미처 담기지 못하고 넘친 거라 생각했습니다.

"사실 주변에 전문적으로 주식 투자를 하는 형님도 계시거든요. 그분이 제게 늘 같은 말을 하셨어요. 그분은 한 달에 수억 원씩 버는데 매달 수천만 원씩 기부를 하신다고 했어요. 하루는 제게 주식으로 큰돈을 벌면 꼭 기부해야 한다고 말씀하셨습니다. 만약 그렇게 하지 않으면 그 돈을 다 지키지 못한다고요. 그렇게 신신당부하셨는데."

내담자의 후회하는 마음이 제게도 전해졌습니다. 후회는 늘 늦기 마련입니다. 큰돈을 벌었을 때 기부했어야 했다고 후회해봤자 이미 지난 일이고 돌이킬 수 없습니다. 내담자는 일단 다시 일을 시작하면 작게라도 매달 정기 기부를 하겠다고 다짐했습니다. 돈을 쉽게 벌수록 조심해야 한다는 걸 경험했기에 그냥 하는 말로 들리진 않았습니다.

사주 상담은 자신이 걸려 넘어질 운에 좀 덜 걸리는 방법을 알려주는 수단이지, 매번 완벽하게 걸려 넘어지지 않는 방법을 제시하진 못합니다. 술사의 능력과도 무관합니다. 타인의 운명에는 신이 아닌 이상 어떠한 이도 완벽하게 관여할 수 없으니까요.

내담자에게는 과거에 대한 후회보다 앞으로 살아갈 운에 대한 조언이 더 필요하리라 생각됐습니다. 내담자가 처한 상황에서 최선의 방향을 제시하는 것이 사주 상담의 존재 이유라고 생각합니다. 새해의 취업운과 앞으로의 투자운에 대해 조언하고 상담을 마쳤습니다. 며칠 뒤 내담자는 면접을 본 회사에서 합격 통보를 받았다는 소식을 전해왔습니다.

재물운이 타고난 사람이라고 해서 평생 굴곡 없는 인생을 살지 않습니다. 누구에게나 운은 흐르고 좋은 운과 나쁜 운은 자신의 인생을 지나갑니다. 좋은 운도, 나쁜 운도 결국 지나가기 마련이므로 모두의 인생은 비극이 아닙니다.

누구나 한 번쯤 일생의 기회라고 부를 만한 운을 맞는 경험을 합니다. 어떤 사람은 명예를 얻고 어떤 사람은 많은 부를 쌓기도 합니다. 인생의 정점을 찍고 난 뒤 모습을 보면 그 사람의 분, 그릇을 알 수 있습니다. 정점을 찍은 순간 사람의 운은 하락세를 피할 수 없기 때문입니다. 롤러코스터를 생각해보세요. 제아무리 대단한 사람도 정점의 순간에서 평생을 살순 없습니다.

그런데 대부분의 사람은 운의 하락세를 맞이하면 운이 정점을 찍었던 최고의 순간만을 떠올리며 이제는 좀 욕심을 내려놓고 살자고 생각하기보다 한 번 더 그 시간을 누리기를 바랍니다. 한 번이라도 인생의 영광을 누린 사실에 대한 감사함은 찾아볼 수 없습니다. 평생 그 운을 누리며 살 수 있을 거라는 오만함으로 인생을 허비하기도 합니다. 잘나갈 때일수록 내려올 길에 대한 준비도 필요합니다.

부의 격차는 자신에게 얼마나 맞는 재성 활동을 했느냐에 따라 달라집니다. 쉽게 말해 현금성 투자와 인연이 없는 사람이 끊임없이 주식 투자를 해서 큰돈을 잃는다면 자신에게 맞지 않는 재성 활동을 하기 때문입니다. 열심히 망하기 위해 투자를 하고 또 투자하는 비극을 결국 자초한 것입니다.

재물은 운의 영향을 가장 많이 받는 녀석입니다. 운이 나쁠 때는 재성의 분탈分奪을 가장 먼저 조심해야 합니다. 운이 좋을 때는 타이밍을 놓치지 않고 열심히 벌어들이기도 해야 하지만 언젠가 다시 다가올 좋지 않은 운을 위해 좋은 일에 의미 있는 소비를 하는 것도 중요합니다. 재벌들이 그저 돈이 많아서 수천억 원을 기부하는 게 아닙니다. 사업을 하는 분들은 큰일을 앞두고 있을 때 더 적극적으로 기부나 봉사를 하기도 합니다. 소위 잘나갈 때 착하게 살면 힘들 때 잡을 지푸라기라도 남아 있는 것이 아닐까요?

2

조물주 위의
건물주가 되길
꿈꾸는 사람들

운에도
시작과 끝이
있습니다.

사주에서 부동산은 크게 두 가지 의미를 가집니다. 돈을 땅에 묻어둔 재물이라는 의미와 문서로서의 재물입니다. 사주팔자에 있는 재성이라는 글자가 의미하는 현금성 재물과는 다른 형태입니다. 사주에서 말하는 재성은 지폐나 돈처럼 우리가 매일 만지고 주고받는 형태가 분명한 돈의 개념입니다.

지금 우리는 부동산의 가치와 관심이 높은 시대를 살고 있습니다. 사람들은 다른 어떤 투자 정보보다 부동산 개발과 가치에 대한 정보에 높은 기대를 드러냅니다. 땅은 그저 농사나 짓는 곳이라는 말은 이제 옛말입니다. 조물주 위에 건물주라는 말이 생길 정도이니 말입니다. 자신에게 부동산 운이 있는지 물어보는 젊은 내담자들을 보면 부동산에 대한 관심 연령층이 점점 더 낮아지고 있다는 걸 실감합니다. 의학의 발달로 인간의 수명이 길어지면서 누구나 노년을 대비해야 하는 시대를 살고 있습니다. 많은 분들이 노후 대비를 위한 것이라며 부동산 투자에 관심을 보이곤 합니다.

하루는 50대 중반의 여성 내담자가 찾아왔습니다. 20년 넘게 일하던 직장에서 퇴직하고 보니 자신의 나이가 40대 중반밖에 안 됐다는 것을 깨달았다고 합니다. 평생 일만 하며 살아온 탓에 경제활동을 하지 않고 집에만 있는 생활이 낯설어 우연히 퇴직금으로 부동산 투자를 시작했다고 합니다. 시기적으로도 문서운이 10년간 크게 들어올 대운이기도 했습니다.

큰돈이 들어가지 않는 오피스텔을 한 채 사는 것이 시작이었습니다. 이후 월세를 받으면서 돈이 좀 모이자 한 채 더 사는 식으로 조금씩 규모를 늘리며 돈을 벌었다고 했습니다. 그렇게 조금씩 부동산 규모를 키우게 됐는데, 이게 문제가 됐습니다.

내담자는 팔자에 부동산 운을 타고났다기보다 타이밍이 좋게 대운이 찾아와준 덕이 더 컸습니다. 그런데 대운이 끝나가고 있었던 시기라 자신이 보유한 것을 유지하되 투자를 확장하고 판을 키우면 안 되는 운이었습니다. 10년간 대운이 들어 자신이 가지고 있던 문서들을 처분해야 하는 시기였기 때문입니다.

문제는 지난 10년간 부동산 투자로 실패한 적이 없었기에 투자를 접어야 한다고 생각하지 못한 것입니다. 하물며 일의 매듭을 지어야 하는 시기에 지인의 권유로 몇 년 전 법인 형태의 임대업에 투자를 했던 것이 꼬이기 시작했습니다. 현재는 소송까지 휘말린 상태였습니다. 내담자는 지인의 말만 듣고 투자했을 뿐인데 돈은 돈대로 물려 있고 책임까지 져야 하는 상황이 억울하다고 했습니다.

그분에게 부동산 운을 안겨줬던 대운은 끝났습니다. 앞으로 10년은 자신이 가지고 있던 문서들을 처분하는 데 써야 할지도 모릅니다. 제가 조심스럽게 내년부터 10년간은 내담자가 갖고 있던 부동산을 하나씩 처분해야 한다고 말씀드리니 굉장히 받아들이기 힘들어했습니다. 지금껏 자신이 오랜 세월

돈을 벌어왔는데 갑자기 손해를 보는 운이 시작된다는 말을 믿지 않는 듯했습니다. 하지만 달라지는 것은 없습니다. 조금 더 받겠다는 생각을 하지 말고 욕심을 버리고 처분하는 데 의미를 두고 가급적 빨리 처분을 하라고 했습니다.

내담자가 부동산 임대업으로 전성기를 누리던 영광의 시기는 끝났습니다. 내담자는 부동산 운 자체를 타고났다기보다 대운이 도운 경우입니다. 만약 자신을 도와주는 운이 끝났다면 사업을 정리하는 게 순리입니다. 물론 잘나갈 때 정리하기가 쉽지는 않습니다. 사업이 한창 잘되고 있는데 내년부터는 규모를 줄이고 몇 년간 완전히 정리하라고 하면 사실 의아해할 사람이 대부분일 겁니다. 그렇지만 운이 도운 행운이었다면 이제는 정리를 하고 그간 행운으로 얻은 재물을 유지하는 데 힘써야 합니다. 그렇지 않으면 자신이 정리해야 할 시기에 벌려놓은 일들 때문에 골치 아파집니다. 시간을 끌면 끌수록 좋은 값을 받지도 못할 테고요.

거듭 말씀드리지만 운은 영원하지 않고 누구에게서나 흘러갑니다. 좋은 운이 왔을 때 마음껏 누리려면 준비돼 있어야 합니다. 그리고 좋은 운 뒤에 나를 돕지 않는 운이 올 수 있으니 좋은 운을 누릴 때는 겸손하게 주변을 둘러보며 마음을 넉넉히 갖고 살아가야 합니다. 영원한 것은 없다라는 말이 결코 가볍지 않은 이유입니다.

금수저가 될 복은
타고나는 것인가요?

부모로부터 받을 복,
잘 지켜나가는 것도
중요합니다.

요즘처럼 자신이 쥔 수저의 소재가 화제가
되는 시대가 있었을까 싶습니다. 흙수저, 은
수저, 금수저 등등 수저의 소재도 다양합니
다. 하지만 사주에서 의미하는 부모에게 받을
복은 항간에 떠도는 수저론과는 조금 다른
의미입니다. 금수저는 태어날 때부터 금 숟가
락을 물고 나왔다는 의미로, 태어날 때부터
풍요로운 환경을 누린다는 의미가 담겨 있습
니다. 그런데 부모에게 받을 복은 젊은 시절

에는 지원을 못 받았어도 부모가 갖고 있던 볼품없던 땅이 갑자기 값이 올라 자녀에게 물려준다는 의미일 수 있습니다.

어느 날 한 기혼 여성 내담자가 저를 찾아왔습니다. 내담자는 자신의 부부가 자녀를 낳은 후부터 싸우는 횟수가 급격하게 많아졌다고 했습니다. 육아라는 것이 대체로 그렇습니다. 사이가 좋았던 부부조차 아이를 낳고 나면 심적으로나 생활적으로 여유가 없어지다 보니 가장 가까운 배우자에게 감정의 날을 세우곤 합니다.

내담자는 비록 지금은 사이가 좋지 않아도 배우자를 잃고 싶지 않다고 했습니다. 다른 곳에서 궁합도 많이 봤고 대체로 이혼은 하지 않을 거라는 말을 들었다고 했습니다. 그러면서 자기 부부가 그렇게 부딪히고 싸우지만 결국 갈라서는 것은 아니라는 확신을 저에게도 받고 싶어 하는 것 같았습니다.

이혼을 할 팔자인지 가리기 위해서는 이혼 상담을 하러 온 해의 타이밍도 중요합니다. 본인 사주에선 이혼의 가능성이 희박해도 배우자 자리를 흔드는 운이 오면 잘 살던 부부도 헤어질 수 있기 때문입니다.

운명은 정해진 것처럼 보일 뿐, 정해져 있지 않습니다. 이혼할 가능성이 있어도 극복하고 사는 부부도 많습니다. 어느 부부에게나 위기의 운은 찾아옵니다. 모든 부부가 그런 운에 헤어져버리면 이 세상에 해로할 부부는 한 쌍도 없을 겁니다. 뻔한 말 같지만 부부 사이가 안 좋아지는 시기를 지혜롭게 잘 넘기면 됩니다.

부부 상담을 하면서 많이 듣는 질문 중 하나가 "우리 이혼할까요?"와 함께 "혹시 배우자가 말년에 부모로부터 물려받을 것이 있나요?"입니다. 즉, 배우자의 유산 상속 운에 대한 질문입니다. 아무리 사는 게 힘들어도 말년에 배우자가 물려받을 재산이 많다고 하면 감내하고 살 분들도 있을 겁니다. 앞서 상담을 하러 온 내담자도 시댁에서 가지고 있는 부동산을 언급하며 배우자에게 물려받을 재산이 있는지를 물어봤습니다.

내가 벌거나 타고난 재물운이 아니라 부모로부터 물려받을 복을 사주로 알 수 있을까요? 보통 월月에 식신食神이 있으면 물려받아도 크게 물려받는 것으로 봅니다. 월은 사주, 즉 네 개의 기둥 중 오른쪽에서 두 번째 기둥을 말합니다.

월에 정재正財나 편재가 있는 사람보다 식신이 있는 사람이 훨씬 더 많이 받습니다. 월에 식신이 있으면 부모에게 받지 못할 경우 시댁이나 처가에서 배우자를 통해서든 어떤 형태로든 물려받습니다. 월에 편재가 있는 사람이 현금을 얼마 받는다고 하면 식신이 있는 사람은 규모가 다릅니다. 형形, 충沖, 파破, 해害, 공망空亡 같은 것들로 손상되지 않은 채 월에 식신이 있다면 큰 재산을 물려받는 것으로 봅니다.

만약 자신이 유산을 얼마 받고 재산이 얼마나 있다고 돈을 과시하는 연애 상대가 있다면 궁합을 보며 월의 식신이 훼손되지 않은 채 있는지를 보면 됩니다. 또 만약 내 아이의 사주에 월에 식신이 있다면 자신이 훗날 물려줄 재산을 많이 일궈 놓고 갈 가능성이 크다고 봐도 됩니다. 그게 아니어도 결혼 후에 시댁이나 처가에서 물려받는다고 보면 됩니다.

저는 자신의 사주에서 월에 식신이 있다면 잘 지켜나가는 것도 중요하다고 생각합니다. 만약 내 사주에는 식신이 있는데 아이의 사주에는 없다면 본인은 본인이 물려받은 것을 다 쓰고 아이에게까지 물려주지 못한다고 생각하면 됩니다. 월의 식신은 재능의 별이 되기도 하지만 이렇게 귀한 재성의 밭이 되기도 합니다.

하나 덧붙이자면 시時에 겁재가 있다면 말년에 재산의 분탈로 보기도 합니다. 말년에 자식 뒷바라지를 오래하는 형태로 나타나기도 합니다. 직장생활을 오래했다거나 자식의 공부를 위해 돈을 많이 쏟아붓거나 하는 바람에 노년까지 희생을 해야 하는 겁니다. 따라서 시의 겁재는 다른 사람이 자신의 재산을 분탈해가는 것이 아니라 자식이 가져가는 것이라고 볼 수도 있습니다.

지름신에
절대 복종하는
사람들

스스로를
통제할 수 있어야
재물을 모을 수
있습니다.

사주에서 관성은 나를 통제하고 절제하며 법이나 규범을 따르게 하는 힘이기도 합니다. 쉽게 말해 내가 하고 싶은 대로 살게 내버려두지 않는 힘, 지킬 건 지키고 절제할 건 절제하게 만드는 힘입니다. 관성이 없으면 부모나 배우자의 잔소리, 조직 생활에서 지켜야 하는 규칙이나 상하관계 등 때문에 남들보다 더 큰 스트레스를 받습니다. 한마디로 자신을 통제하는 것들을 참고 견뎌내는 힘이 부족할 수 있습니다.

무엇보다 무관사주無官四柱는 자신을 간섭하고 통제하는 힘에 강한 거부감을 드러냅니다. 정말로 자유를 갈망하는 분들이죠. 태어날 때부터 통제를 받아온 사람들은 쉽게 넘어가는 것들도 통제라는 걸 받고 살지 않았던 분들은 굉장히 답답해하고 작은 잔소리에도 강한 거부감을 드러냅니다.

그런데 "간섭하지 마!" "나는 내 마음대로 살 거야!"라고 외치는 자유로운 영혼을 가진 무관사주인 분들은 의외로 짠순이나 짠돌이 스타일이 많습니다. 무관사주인 분들은 타인의 잣대가 아닌 본인이 타당하고 합리적이라고 생각돼야 지갑을 엽니다. 그래서 본인의 기준에서 아깝다고 생각된다면 정말 1원도 쓰지 않습니다. 심지어 자녀에게조차도 굉장히 인색해집니다. 주로 남성 중에 그런 분들이 많습니다.

그런데 무인성사주無印星四柱만큼 돈 관리가 되지 않는 분들이 무관사주일 수 있습니다. 합리적인 이유가 있어야만 지갑을 여는 분들이 어떻게 그럴 수 있을까요?

무관사주를 가진 분은 자기 마음이 동動하면 쉽게 돈을 씁니다. 예를 들어 자신이 한창 몰두 중인 취미생활에는 아낌없이 지갑을 엽니다. 요즘 생겨난 말로 오타쿠, 덕질, 매니아적

성향을 가진 분들을 떠올리면 이해하기 쉬울 겁니다. 또 게임에 한번 빠지면 게임에 들어가는 돈은 하나도 아까워하지 않습니다. 본인에게 '게임'이라는 소비처는 전적으로 납득이 되는 소비처인 겁니다. 전철을 타고 한 시간을 이동하는 길을 가야 하는 중고거래를 해서라도 게임기를 사는 분들이 무관사주입니다. 남들이 보기엔 게임에 돈을 쓰는 게 이해가 안 되겠지만 당사자에겐 너무나 타당한 일인 겁니다. 바쁜 와중에도 당근길에 오르는 수고를 아끼지 않았으니 이만큼 합리적인 가격으로 살 수 있었다고 생각하는 겁니다.

자신의 배우자가 무관사주이고 돈 관리를 담당한다면 어떻게 해야 돈을 꺼내 쓰기가 편할까요? 다른 것은 제쳐두고 무조건 배우자의 마음에 들어야 합니다. 배우자가 생각하기에 아낌없이 돈을 지출해도 되는 존재가 돼야 합니다. 부부 사이가 나쁠수록 배우자의 지갑은 열리지 않습니다.

무관사주이면서 친구를 너무 좋아하는 사람은 친구 만날 때 밥을 잘 삽니다. 무관사주이면서 팀원을 너무나 사랑하는 팀장이라면 회식비에 지갑이 쉽게 열립니다. 그래서 무관사주를 가진 분 중에는 연애 초반에 지갑을 쉽게 여는 경우가 많습니다. 선물도 통 크게 사고, 밥도 잘 사주고, 아무거나 다 잘 사줍니다.

하지만 지갑을 쉽게 여는 성향은 결국 함정이 될 수 있습니다. 연애 초기에는 자신에게 돈을 아낌없이 쓰는 상대를 보며 재력이 있다고 생각하기 쉽습니다. 그런데 막상 결혼을 하고 보면 생각보다 돈이 없을 수 있습니다. 재력이 있어서 돈을 쓴 것이 아니라 상대방이 너무 좋아서 아낌없이 썼던 것이니까요.

그래서 무관사주 내담자분들이 상담을 하러 오면 연애할 때 돈이 많이 들어가는 연인 상대는 두 번이고 세 번이고 다시 생각해보라고 조언합니다. 특히 여성분들은 신중하셔야 합니다. 관이 없다 보니 자칫 상대에게 빠지면 쉽게 헤어 나오지 못하는 데다 집착할 수 있기 때문입니다. 또 평생 배우자에게 자신이 버는 돈을 다 쏟아부어야 할 수 있습니다.

누군가의 마음을 사고 싶은 마음에 아낌없이 돈을 써버리기 쉽습니다. 하지만 결혼 후에도 돈을 써야 하는 상황이 이어진다면 자칫 상대에게 이용당할 수 있습니다. 그래서 무관사주를 가진 분들은 뭔가 하나에 빠져 지갑을 여는 걸 조심해야 합니다.

정신을 차려보니 지갑이 텅 비어 있었다는 말을 종종 듣습니다. 실제로 그런 경우들이 많습니다. 무관사주인 여성이 명

품에 꽂혀 정말 파산 직전까지 간 경우도 많이 봤습니다. 다른 사람이 자신을 통제하고 절제시키는 것도 싫은 일이지만 자신이 스스로 통제하고 절제하는 것도 힘든 일입니다.

자신이 무관사주라면 한도를 정해 쓰는 습관을 들이면 좋습니다. 취미 생활에든 연인에게든 한 달에 쓸 돈을 미리 정해놓아야 합니다. 하다못해 자녀에게 드는 교육비도 마지노선을 정해두면 좋습니다. 무관사주를 가진 분들은 선을 정해놓는 소비습관을 가지면 의외로 쉽게 돈이 빠져나가는 걸 막을 수 있습니다. 한 달에 한 번 통장을 스치고 지나갈 월급은 저축할 곳에 먼저 보내는 게 좋습니다.

"무관사주는 지출을 미리 계획하고 지출 한도를 정해놓는다." 이것이 핵심입니다. 물론 말하긴 쉬워도 막상 선을 정해놓고 쓰기가 쉽지 않다고 하는 분들도 있습니다. 그래서 저는 무관사주의 미혼 내담자라면 부모님이 돈 관리를 잘하시는지 묻습니다. 부모님에게 월급을 맡기고 용돈을 타서 쓰라고요. 이렇게 관의 힘을 강제적으로 빌리는 방법도 있습니다.

도대체 돈 관리를 잘하는 사람이 누구일지 궁금할 겁니다. 일단 재물 창고의 열쇠인 인성과 지출을 통제하는 관성이 형, 충, 파, 해, 공망 등으로 손상을 입지 않고 잘 갖춰져 있으면 됩니다. 이런 사주라면 돈이 샐 리 없습니다.

주식과 부동산 중에
어떤 투자를 해야 할까요?

타고난
내 재물 창고의
모습을 알아야
재물을
모을 수 있습니다.

금전운은 내담자들이 빼놓지 않고 물어보는 필수 질문 중 하나입니다. 허황된 대박의 운을 묻는 분들도 많습니다. 돈에 대한 고민 중 가장 많은 고민이 바로 돈이 모이지 않는다는 것입니다. 우리 눈에는 보이지 않지만 사람들은 모두 자신만의 재물 창고를 가지고 태어납니다. 사람마다 재물 창고의 크기도 다르고 모양도 다르고 열쇠도 다릅니다. 돼지 삼형제의 각기 다른 자재로 지어진 집을 떠올리면 됩니다.

대체로 돈이 잘 모이지 않는다고 하는 내담자들의 사주를 들여다보면 인성이 없다는 것이 가장 큰 이유입니다. 문서운을 말할 때 이 인성이 가장 많이 거론됩니다. 인성의 인은 '도장 인印'을 쓰며, 인성은 재물 창고의 자물쇠 같은 역할을 합니다. 그래서 무인성사주인 분들이 주로 이상하게 돈이 잘 샌다, 돈이 모이지 않는다는 말을 많이 합니다. 여기서 말하는 돈은 바로 현금성 재물입니다. 그야말로 현금이 통장에 차곡차곡 모이지 않는다는 의미입니다.

무인성사주인 분들은 통장에 1억 원을 저금해두면 적어도 6개월 안에 다 나갈 일이 생기게 됩니다. 앞서 말한 것처럼 재물 창고에 자물쇠가 없기 때문에 자신도 수시로 열어서 꺼내 쓸 수 있고, 타인도 열어서 꺼내 갈 수 있습니다. 팔자를 선택할 수 있는 것도 아니고 무인성사주로 태어나고 싶어서 태어난 것도 아닌데 평생 돈을 모으기 힘들다는 것이냐고 반문할 수 있습니다.

현금이 모이지 않는다는 말을 기억하길 바랍니다. 자신이 무인성사주라면 현금을 통장에 차곡차곡 쌓아둘 생각은 말아야 합니다. 만약 목돈이 들어왔다면 3개월 안에 문서화해야 합니다. 가장 좋은 방법으로는 부동산으로 전환해 쉽게 현금화할 수 없도록 묻어놓는 것입니다. 재산을 논할 때 현금보다 더 많이 거론하는 것이 바로 부동산입니다. 조물주 위에 건물주라는 말이 생길 정도로 현대 사회에서 재산 1순위가 부동산이라는 것을 모두 알 겁니다.

만약 당장 부동산을 살 수 없다면 현금화하기 힘든 수단으로 바꿔야 합니다. 단, 현금성 투자는 운이 따르지 않는다는 것을 기억해야 합니다. 현금성 투자는 주식, 코인, 펀드, 일수 등의 투자와 재산 형태를 모두 포함합니다. 요즘은 부동산보다 접근성이 좋다는 이유로 코인이나 주식에 너도나도 많은 관심을 갖습니다. 하지만 안타깝게도 무인성사주는 현금성 투자에서 절대 재미를 보기 힘듭니다.

간혹 자신은 주식으로 돈을 많이 번 적이 있다고 말하는 분들이 있습니다. 그럼 그분에게 그때 번 돈이 지금 남아 있냐고 물으면 답을 하지 못합니다. 대부분 벌어들인 돈으로 재투자를 했다가 크게 손실을 입는 경우가 많고, 아니면 다른 일이 생겨 돈이 자신의 손을 떠난 경우도 많습니다. 대부분 3개월 안에 모두 날려버립니다. 또 자신은 무인성사주라 돈 관리를 야무지게 하고 주식이나 현금성 투자에 관심이 없는 분도 어떻게든 돈이 나갈 일이 생겨 줄줄 새는 경우도 있습니다. 본인이 아니어도 배우자, 자녀, 부모님이 꺼내 쓰는 경우입니다.

모두 재물 창고에 자물쇠가 없기 때문에 벌어진 일들입니다. 무인성사주인 분들은 자신의 재물 창고를 탓하지 말고 자신에게 주어진 창고를 받아들여야 합니다. 현금을 무턱대고 통장에 보관하지 마세요. 만약 목돈이 들어왔다면 3개월 안에 꺼내 쓰기 가장 힘든 형태로 묶어두세요.

자신이 현금을 들고 있으면 그냥 나가버리고 마니 볼품없는 부동산일지라도 매입을 하는 형태로 현금을 문서화시키면 손실을 최소화할 수 있습니다. 제가 이렇게 말씀드리면 자신은 부동산을 살 돈이 없다고 말하곤 합니다. 부동산을 사려고 돈을 모으려고 하면 그나마 수중에 있던 돈도 모조리 나가버린다고요. 그러니 너무 무리하지 않는 선에서 대출을 보태어 갚아나가면서 자신의 것으로 만드는 방법밖에 없습니다. 만약 대출의 부담 때문에 돈을 모아서 살 것이라고 차일피일 미루며 전세를 고집하다가는 평생 내 집 마련을 하지 못합니다.

무인성사주인 분 중에 소위 말하는 부동산 부자가 된 분들은 수백억 원대 건물을 갖고 있어도 카드 한두 장만 지갑에 꽂고 다니면서 월세로 받은 현금으로 생활합니다. 그런 분들은 정말 통장에 현금은 별로 없습니다. 하지만 현금이 없다고 해서 재물이 없다고 할 수 있을까요? 현금만 없을 뿐, 수백억 원 가치의 건물을 갖고 있지 않나요?

부동산 부자들은 목돈이 필요하면 건물을 하나씩 처분해 현금화시킵니다. 절대 통장에 현금을 많이 쌓아두지 않습니다. 만약 자신이 이상하게 돈을 모으지 못한다고 생각된다면 사주에 인성이 없는 것은 아닌지 확인해보길 권합니다.

허술한 재물 창고를 갖고 태어난 사람이라면 리모델링이라도 하고 싶은 심정일 겁니다. 하지만 현실적으로 불가능한 이야기입니다. 왜 자신만 이런 재물 창고를 가지고 태어났을까 억울하기도 할 겁니다. 하지만 원망한다고 달라지는 건 없습니다. 타고난 운을 받아들이고 각자의 재물 창고에 맞는 형태로 재산을 축적해나가야 재물이 나가는 것도 막을 수 있고 또 벌어들인 돈으로 재물을 모을 수 있습니다.

6

저는 앞으로
돈을 많이 벌 수 있나요?

재물 창고를
좋은 일에 비울 때
다시 들어오는
재물이 더 윤택할
수 있습니다.

재물 창고는 결국 내가 가진 돈을 넣어두는 금고와 같습니다. 금고의 크기는 정해져 있고 가득 차 있으면 아무리 더 담으려 해도 넘칠 뿐 내 욕심만큼 담기지 않습니다. 그래서 비우는 것도 채우는 것만큼 중요합니다. 채우려는 욕심만 앞세우지 말고 의미 있게 비우는 법에 대해서도 생각해봐야 합니다.

한동안 금전적으로 힘들었던 분들은 연말이 되면 새해에는 좀 나아질까 궁금해하기도 하고 기대도 큽니다. 그래서 연말이 되면 철학관을 찾는 사람이 늘어납니다. 코로나라는 재앙이 전 세계적으로 퍼졌던 수년간 많은 분들이 금전적인 피해를 보거나 경제적으로 어려움을 겪었습니다. 다시금 경제가 회복세로 돌아서기 시작하는 요즘에는 다른 어떤 시기보다 자신의 재물운에 대한 궁금증이 늘어났습니다.

요즘 젊은 분들은 제게 거침없이 물어봅니다.

"저는 앞으로 돈을 많이 벌 수 있나요?"

제 나이 정도만 돼도 재물에 대해 지나치게 관심을 드러내면 탐욕을 드러내는 것으로 여기고 체면을 손상시킨다고 생각하기 쉽습니다. 하지만 현대 사회에서 돈에 대한 관심은 숨겨야 할 은밀한 속마음 같은 것이 아닙니다. 돈에 대한 관심을 감추지 않고 드러내는 것이 젊은 친구들에게는 당당한 일이 됐습니다.

제가 상담할 때 금전운을 보고 기부를 권하는 경우는 두 가지입니다. 첫 번째는 다가올 운에 투자자금이나 재산이 나가거나 운영하던 사업이 기울어 돈이 좀 많이 나가는 탈재奪財의 운을 피하기 힘들어 보일 경우입니다. 두 번째는 새로운 사업을 시작하는 시기일 경우입니다.

누구나 가능한 한 자신의 재물 그릇을 가득 채우며 살고 싶어 합니다. 그럼 자신의 재물 그릇을 가장 많이 채울 수 있는 방법은 무엇일까요? 단순하게 생각하면 됩니다. 저금통이 텅 비어 있을 때 가장 많이 담을 수 있습니다. 따라서 자신이 가지고 있는 저금통에 현금을 가득 채워준다는 사람이 있다면 자신이 저금했던 돈을 다 비우고 빈 저금통을 건네면 됩니다.

재물을 벌어들이는 시기에 돈을 많이 벌려면 아이러니하게도 자신의 재물 그릇은 텅 비어 있어야 합니다. 통장 잔고가 마이너스 수준이었는데 수십억에서 수백억에 이르는 자산가가 됐다는 성공 신화를 어렵지 않게 접할 수 있습니다. 마찬가지입니다. 누군가에게 지금까지 벌어들인 돈보다 넘칠 정도로 돈을 벌 수 있는 기회가 찾아온다면 그전에 좀 비워두라고 일러줍니다. 물론 재물 그릇을 비우는 방법은 여러 가지입니다. 누군가에게 그냥 줘버리거나 자신이 써버리면 통장 잔고는 자연스럽게 줄어듭니다. 하지만 돈이라는 게 그리 쉽게 다룰 수 있는 놈이 아닙니다.

사주에는 재생살財生殺이라는 말이 있습니다. 돈에 너무 눈이 멀면 살을 키우게 된다는 의미입니다. 살은 '죽일 살殺'이죠. 재물에 대한 지나친 욕심이 이렇게 무섭게 변할 수 있다는 뜻입니다. 만약 탈재운이 오는 시기라면 재물 그릇을 미리 좀 비워내는 행위, 곧 나갈 돈을 미리 좀 덜어내는 의미로 기부를 활용합니다. 기부는 또 좋은 일이자 덕을 쌓는 일입니다.

좋은 일을 많이 한 사람은 좋지 않은 운에 좀 덜 얻어맞습니다. 재벌들이 큰 프로젝트를 앞두고서 큰돈을 기부하는 것이 돈이 많아서가 아닙니다. "나도 그만큼 돈 있으면 기부하며 산다."라고 생각할 게 아니라 자신의 재물 그릇에 맞게 단 돈 천 원이라도 선한 일에 쓰면 됩니다.

새로운 사업의 시작을 앞둔 분들에게도 기부를 권합니다. 이때는 사업하는 내내 꾸준히 적은 금액이라도 하길 권합니다. 아무래도 직장을 다니는 사람보다는 재물 활동을 하는 자영업이나 사업의 형태로 운영하는 사람들이 운의 영향을 훨씬 많이 받습니다. 따라서 미리 기부를 좀 해두면 아무래도 운의 기운이 하강하는 시점에 덜 얻어맞기에 기부를 권합니다. 사실 이런 이야기를 하면 열 분 중에 한 분 정도가 귀담아듣습니다.

원래 어려움은 닥치지 않으면 가늠할 수 없는 법입니다. 당연히 눈앞에 일어나지 않은 일은 그저 막연하기만 합니다. 누구나 비슷하기에 저도 의지가 엿보이는 분들에게만 권합니다. 기부나 좋은 일은 대단한 크기로 해야만 하는 게 아닙니다. 자신이 벌어들이는 돈에서 단돈 천 원이라도 꾸준히 기부한다면 그게 바로 기부이고 덕을 쌓는 겁니다.

수천억의 자선가들이 몇억 원씩 쾌척하는 것만 기부라고 생각할 필요 없습니다. 요즘은 다양한 비영리 단체들이 정기 기부 형식으로 다양한 창구를 마련해두고 있습니다. 한 달에 만 원이라도, 천 원이라도 기부할 수 있는 경로가 다양합니다.

저도 대단한 금액은 아니지만 신년 액땜으로 매년 기부하고 있습니다. 단, 올 한 해 제게 안 좋은 일들은 좀 비켜 가라는 의미로 연초에는 평소보다 조금 더 기부합니다. 그리고 매달 버는 돈보다 좀 더 들어온 달에도 조금 더 비워냅니다. 예를 들어 배우자가 연말 상여금을 받은 시기나 제 매출이 좋은 달에요. 저도 재물 그릇이 가득 채워지고 잘 지키는 사주가 아니라 어떻게든 벌어들인 돈을 잘 쓰고 잘 지키기 위해 늘 잘 비워내려고 노력하고 있습니다.

돈을 잘 지키고, 또 많이 담고 싶다면 좋은 일에 비워내기를 해보세요. 분명 돈을 벌어들이고 나가는 시기에 운이 덕을 쌓은 나를 조금 더 도울 겁니다.

내 분分을 안다는 것은
나를 보는 안목입니다

재물이란 모름지기 내가 땀 흘려
열심히 노력해 벌어들인 것

부와 명예는
결국 내 분 안에서
이루어집니다.

남들이 잘된다는 이야기에 솔깃해져 선택한 결과가 좋지 않을 내담자를 만나게 될 때가 있습니다. 지금껏 성실하게 자기 인생을 살아오던 분들이 어느 날 갑자기 누군가의 이야기에 홀린 듯 무리하게 투자를 하거나 새로운 인생을 살고 싶다고 지금껏 하던 일을 그만두고 새로운 일에 도전했다가 힘든 시간을 보내는 경우죠. 물론 모두가 평생 한 가지, 한 분야의 일만 하고 살지는 않습니다.

하지만 자신에게 맞는 일이라는 것이 있는 법입니다. 과연 쉽고 빠르게 돈을 버는 것이 가능한 일인지 한 번쯤 생각해보길 바랍니다.

2020년에 코로나가 터지자 일반 직장인들은 물론 자영업자들이 생계에 타격을 입을 정도로 경기가 나빠졌습니다. 그러다 보니 주식, 코인과 같은 현금성 투자에 더 많이 몰리고 또 그만큼 큰 손실을 입은 분들이 많아졌습니다.

2020년, 2021년에 주식과 코인을 했다가 정말 많이 힘들어져서 2021년 말부터 2022년 초까지 원금 회복을 할 수 있을지 물으러 찾아온 분들이 많았습니다. 오랜 시간 꾸려왔던 영업장을 접은 분도 계셨고 그동안 다니던 회사를 그만둬야 했던 내담자도 있었습니다.

한 분과의 상담에서 안타까운 사연을 들었습니다. 그분은 평생 자신의 재주로 돈을 벌어오셨는데 다른 사람의 '카더라' 소식에 홀려 무리한 투자를 했고 결국 생업을 접었다고 했습니다. "작년에 코인을 했다가 너무 큰 손실을 봤습니다. 원금 회복만 하면 더 이상 하지 않을 생각인데 올해 원금 회복이 될까요?"라는 내담자의 물음에 그분의 마음이 무엇인지 충분히 알고 있기에 더욱 안타까웠습니다.

당연한 말이지만 시기적으로 재물운의 흐름이 나쁜 시기에 현금성 투자를 한 분들이 많습니다. 또 자신이 잃은 돈을 조금이라도 회복해보려고 새로운 사업을 시작했지만 당시 시기가 좋지 않은 데다 자신에게 맞지 않는 사업 아이템이어서 금세 접어야 했던 분도 있습니다.

　어쩌면 정말 운이 좋은 사람은 많은 돈을 버는 사람이 아니라 타이밍을 잘 아는 사람이 아닐까 싶습니다. 인생은 타이밍이라는 말은 정말 맞는 말입니다. 재물운이 오는 해라고 해서 모두 돈을 버는 것도, 돈이 들어오는 것도 아닙니다. 그 재물이 자신이 쥘 재물인지 아니면 나가는 재물인지가 중요합니다. 그저 재물운이 오는 것이 중요한 게 아닙니다. 예를 들어 대운이 재성운財星運으로 흘러도 명주의 원국에 따라 돈이 나갈 운일 수 있습니다.

　저는 사주 상담의 목적은 대비에 있다고 생각합니다. 나쁜 운을 피해 갈 수 있다면 피해 가고 나쁜 운을 덜 얻어맞을 수 있다면 그렇게 사는 게 좋기 때문입니다. 무엇보다 경제 활동을 하는 모든 분야가 재성운의 흐름만으로 길흉을 점칠 수 있는 것도 아닙니다.

　유통업처럼 돈이 흘러야 하는 분야는 재성운을 보는 것이 맞습니다. 제조, 생산, 교육 같은 분야는 식상운食傷運을 보고 식상생재食傷生財가 되는지를 봐야 합니다. 자신의 능력이나 실력, 재주가 돈이 되는 직업이라고 생각하면 됩니다. 쉽게 말해 가르치고 만들고 생산하는 기술은 결국 자신의 재주, 능력으로부터 나옵니다. 따라서 자신의 재주와 능력을 발휘해야 돈이 됩니다.

그런가 하면 공무원이나 군인과 같은 공직자는 앞서 말한 두 가지 운보다는 말 그대로 관운官運의 영향을 더 많이 받습니다. 돈에 영향을 받고 연연해야 하는 직업이 아니라 명예직이라고 생각하면 쉽게 이해할 수 있을 겁니다. 쉽게 말해 선先 명예, 후後 재물인 직업인 셈입니다.

공무원이나 군인이 정재운이 오는 해에 주식이나 코인과 같은 투자를 했다면 재운이 온다고 해서 이익을 볼 수 있을까요? 정재는 말 그대로 정당한 재물입니다. 주식, 코인과 같은 돈은 정당한 재물이 아닙니다. 자신에게 솔직해져야 합니다. 사람들이 주식, 코인과 같은 현금성 투자를 하는 이유는 정당하게 재물을 벌어들이기 위해서가 아닙니다.

정당한 재물이란 모름지기 내가 땀 흘려 열심히 노력해 벌어들인 재물입니다. 그렇지 않고 주식, 코인과 같은 현금성 투자를 하는 것은 조금이라도 쉽게 벌 수 있는 방법을 모색하는 겁니다. 모두가 힘들던 시기에 현금성 투자가 유독 인기를 끈 것도 손실을 입은 돈을 가능한 한 빠르고 쉽게 만회하고 싶은 마음이 앞섰기 때문입니다.

제아무리 재복을 많이 타고났어도 현금성 투자나 요행으로 버는 돈에 인연이 없는 분들이 있습니다. 모두 타고난 팔자 때문입니다. 그런 분들은 자신이 벌어들인 정당한 재물만을 자기 것으로 만들 수 있습니다. 만약 그런 팔자를 타고난 분들이 요행을 바라고 현금성 투자를 한다면 재물을 내 것으로 만들기 힘듭니다.

자신에게 현금성 투자운이 없다고 해서 자신에게 재복이 없다고 생각하면 안 됩니다. 사람마다 돈을 벌어들이는 방법은 제각각 다릅니다. 자신에게 맞는 방향으로 재성 활동을 했을 때, 그리고 그것이 맞아떨어졌을 때 자신의 재물 그릇에 돈을 가득 채울 수 있습니다. 이처럼 자신에게 맞는 재성 활동을 찾는 것도 사회생활을 시작하는 첫 단계이고 첫 발걸음입니다.

물론 자신은 돈을 많이 벌지 않아도 되고, 하고 싶은 것을 마음 편하게 하며 살고 싶다면 자신의 생각을 따라가면 됩니다. 세상에는 타고난 재주가 있어도 흐르는 운이 받쳐주지 못해 재주를 발휘하지 못하며 사는 분들도 많습니다. 같은 이치로 많은 부모가 자녀의 공부를 위해 학원을 수없이 보내지만 그보다는 자녀의 재능을 찾아주는 것이 더 중요합니다.

분명 제조업을 하면 안 되는 사람이 제조업을 하면 전 재산을 탕진하고 맙니다. 식당을 하면 안 되는 사람이 음식 장사만 계속하면 망하는 것도 마찬가지입니다. 모두 자신이 타고난 운에 맞는 재물 활동을 하지 못해서입니다.

또 열심히 공부해 전문 자격을 갖추고 일해야 하는 사람이 자꾸만 그럴싸한 직장과 월급의 많고 적음에만 연연하면 마흔까지 제대로 된 직업도 갖지 못할 수 있습니다. 심지어 나이가 들어서도 정규직 채용에 실패하고 계약직만 돌고 돕니다. 모두 다 자신이 어떤 일에 맞는지 알지도 못하고 타이밍을 잡지도 못해서 그렇습니다.

공직이나 활인업에 몸담은 분들은 돈에 너무 연연해하면 안 됩니다. 모두 돈으로 하는 일이 아니기 때문입니다. 대단한 의사가 되거나 나라를 구하라는 말이 아닙니다. 환자를 치료하는 일이 돈을 버는 일보다 후순위로 밀린다면 돈도 잘 벌지 못한다는 말입니다. 공직에 몸담은 사람이 공익을 위하는 것보다 개인의 뱃속을 채우는 욕심이 앞서서는 안 된다는 이야기입니다. 그렇게 돈에 연연하다가는 잘나가다가도 결국 무너지는 날을 맞이하게 됩니다. 또 화가라면 우선 그림을 잘 그려야 하겠죠. 그래야 그림이 좋은 평가를 받고 비싼 가격에 팔립니다. 그림을 잘 그리는 것은 뒤로 미룬 채 비싼 가격에 팔 생각만 해서는 안 됩니다.

재물은 자신이 제압해야 하는 대상이지 내가 재물에 제압당한다면 절대 부를 이룰 수 없습니다. 돈에 끌려다닌다면 절대로 그 돈을 지켜낼 수 없습니다. 적어도 자신이 어떤 형태로 재물 활동을 이뤄내야 하는지를 안다면 자신에게 없는 운에 연연해 재물 손실을 입진 않을 것입니다.

이렇듯 자신의 분을 지키며 살아가는 것이 대수롭지 않아 보여도 참 중요합니다. 자신의 분을 누구보다도 스스로 정확하게 알아야 자신에게 어울리는 옷과 헤어스타일을 고를 수 있는 것과 같은 이치입니다.

당신도 운을
벌 수 있습니다

4부

진로와
학업

아이마다
각자의 인생이
있습니다

1

적성을 다시 찾기에
너무 늦은 것이 아닐까요?

내 인생을 위한
선택에 타인의
잣대가 아닌
나의 깊은 고민이
필요합니다.

우리나라만큼 젊은 시절의 실패를 허용하지
않는 분위기의 사회가 있을까 싶습니다. 청
춘이 마냥 푸른 시절이 아닌 것 같습니다. 하
지만 저는 젊은 시절의 실패는 결코 흠이 아
니라고 말하고 싶습니다. 인생은 생각보다
길다면 깁니다. 누구나 한두 해 앞을 바라보
고 사는 건 아니라는 의미입니다.

흔히 인생은 속력이 아니라 방향이라는 말을
합니다. 정말 맞는 말입니다. 그리고 나이가

들면서 더 많이 깨닫게 됩니다. 100세 인생이라는데 20대에 1~2년쯤 돌아가고 잠시 멈춰 있어도 40대가 됐을 때 크게 뒤처진다고 느껴지지 않습니다. 그러니 진로를 찾는 시간을 낭비라고 생각하는 젊은이들의 인식에도 변화가 필요합니다.

언젠가 아이들을 겨우 재우고 막 잠이 들려던 참에 상담이 들어온 적이 있습니다. 시계를 보니 밤 11시 반이 다 돼가고 있었습니다. 어둠이 깔리는 조용한 밤이면 누구나 고민이 많아지는 법입니다. 당시 심야 상담을 내세웠던 상담소 초창기라 몸을 일으켰습니다. 또 지금 당장 답답해하는 그 마음을 잘 알기에 그냥 지나칠 수 없었습니다. 늦은 시간에 상담이 필요하다면 고민 때문에 잠이 오지 않는다는 의미이기도 하니까요.

내담자의 첫 질문은 단순했습니다. 현재 전화영업 일을 하고 있는데 실적을 올리지 못해 답답하다는 것이었습니다. 그러면서 올해 하반기에 자신이 실적을 올릴 수 있을지 물어봤습니다. 질문에 대답을 하려다 내담자의 사주를 다시 살펴보니 조금 의아했습니다.

"내담자분 사주를 봤을 때 영업이 적성에 맞지 않으실 것 같은데 일이 좀 어떠세요?"

내담자는 예기치 못한 질문에 당황하는 듯했습니다.

"그럼 저는 무슨 직업이 맞을까요?"

내담자의 반응이 자세를 고쳐 앉게 했습니다.

간혹 자신이 뭘 해야 할지 모르겠다고 저를 찾아오는 분들이 있습니다. 하지만 냉정하게 말하면 누구보다 고민을 해야 하는 자신의 인생에 대해 고민을 하지 않은 흔적이 보여 답답할 때가 많습니다. 실제로 성인 중에도 정말 많은 사람이 진로 상담을 신청합니다. 10대에만 진로 고민을 하는 것이 아닙니다. 그만큼 우리나라는 20대에 자신의 진로에 대해 정말 많이 고민을 하는 나라인 것 같습니다.

하지만 사주 진로 상담이라고 해서 신통방통하게 점쳐주듯 찰떡같이 직업을 알려주지 않습니다. 더구나 앞날에 대한 고민이나 준비도 하지 않은 사람이라면 더욱 그러합니다. 또 사주로 볼 수 있는 한 사람의 진로나 방향은 다양합니다. 타고난 재능도 있고 입시의 시기나 취업의 시기에 흐르는 운의 영향도 많이 받기 때문입니다.

자신이 좋아하는 것과 현실적인 것이 맞지 않는 분, 장사를 아무리 열심히 해도 이상하게 잘되지 않는 분, 현재까지의 진로를 포기하고 새로운 시작을 해야만 하는 분들은 적어도 자신이 뭘 해보면 좋을지에 대해 정말 많이 고민하고 몇 가지

가닥을 잡은 다음 확인을 위해 상담을 요청합니다.

정말 아무것도 갖추지 않은 상태에서 의욕도 하나 없이 저를 찾아오는 분들에겐 저도 "당신은 시장에서 생선장사 할 팔자요. 생선장사 시작하시오."라는 식으로 분명한 답을 드릴 수가 없습니다. 적어도 내담자가 먼저 "시장에서 장사를 해볼까 합니다."라고 입을 열어야 저도 "그렇다면 생선장사 한번 해보세요."라고 말할 수 있는 겁니다.

자신의 인생이 달린 문제에 대해 스스로 깊이 고민한 끝에 찾아오는 손님들은 눈빛과 목소리가 다릅니다. 의지가 보이기 때문입니다. 이렇게 깊이 고민한 내담자라면 얼마든지 함께 고민하고 이야기를 나눌 수 있습니다. 마음 상담소는 그런 고민을 위한 장소입니다.

앞서 말한 내담자에게 제가 다시 물었습니다.
"영업이 잘 맞으세요?"
적어도 내담자가 스스로 고민하고 대답했으면 하는 마음에서였습니다. 그러자 내담자는 자신의 이야기를 좀 더 꺼내기 시작했습니다. 사실 공인중개사 자격증을 준비했는데 합격하지 못했고, 그동안 공부하느라 보낸 세월 때문에 마음이 조급했다고 합니다. 또 자신과 맞지 않은 일인 걸 알면서도 전화

영업을 시작했던 건 지금까지 이렇다 할 직업을 갖지 못해 부모님께 죄송한 마음이 들어서라고 했습니다. 서른이 넘은 나이까지 부모님께 의존하며 살다 보니 주변 눈치도 보이고 무엇보다 부모님께 면목이 없었다고요. 부모님의 짐을 빨리 덜어드리려는 마음에서 돈을 많이 벌 수 있다는 전화 영업을 시작한 것이었습니다.

내담자의 속사정을 듣고 나니 조금 이해가 됐습니다. 그런데 내담자는 일하는 동안 계약을 단 한 건도 따내지 못했다고 했습니다. 직장에서는 영업 결과를 이유로 스트레스를 계속 주고 일 자체가 자신에게 맞지도 않고 돈도 되지 않으니 아마 많이 힘들었던 것 같았습니다.

자신에 대한 이야기를 꺼내기 시작하면서 내담자는 조금 더 자세한 이야기들을 꺼냈습니다. 특히 직장 전변이 잦았다고 고백했습니다. 그리고 무엇보다 나이를 점점 먹는 상황에서 더 이상 직장을 그만두고 싶지도 않아 앞으로 오래 일할 곳을 찾아야겠다는 생각이었는데 현재의 일이 자신의 적성에 맞느냐는 질문을 받자 머리를 세게 한 대 얻어맞은 느낌이 들었다고 했습니다.

내담자의 이야기를 들으니 저도 생각이 많아졌습니다. 저도 분명 방황하던 시기가 있었습니다. 그래서 늦은 밤까지 내담자가 잠 못 이루던 마음을 충분히 알 것 같았습니다. 다만 내담자가 이제는 자신의 인생에 대해 깊은 고민을 해보는 시간을 가지길 바랐습니다.

단 한 번도 실패해본 적 없는 인생을 사는 사람이 있을까요? 실패한 후 곧장 털고 일어나 아무 일도 없던 것처럼 다른 길을 걸을 수 있는 사람은 드뭅니다. 머뭇거리고 망설이는 시간도 필요합니다. 지금까지 쏟아부은 시간과 열정이 있으니 그 열기가 식기까진 시간이 필요한 게 당연합니다. 좌절이나 절망에 빠지는 것이 아니라 자기 스스로를 돌아보는 위로의 시간입니다. 다만 그 시간 끝에 반드시 새로운 길로 내딛을 준비가 돼 있어야 합니다.

모든 고민은 내담자의 몫이니 저는 고민의 물고를 터주고 싶었습니다. 이후로는 내담자의 전공과 관심 분야 등을 물어보고 도전해봐도 좋을 만한 분야에 대해 이야기를 나눴습니다. 외국어 전공을 활용해 내담자가 할 수 있는 분야로 방향을 잡은 후 한 시간 넘게 이야기를 이어갔습니다. 그리고 내담자도 다시 한번 힘을 내어보기로 다짐했습니다. 새로운 곳에 취업이 됐다고 기쁘다는 전화 한 통, 문자 한 통 보내주면 좋겠다는 말를 건네며 상담을 마쳤습니다. 내담자가 잘 준비해 현재 새로운 분야로 한발 나아가셨을지 궁금합니다.

앞날에 대한 고민을 하는 것이 나이에 따라 창피할 일이고 비난받아야 할 일은 아니라고 생각합니다. 우리는 이 생을 다 하는 날까지 내 앞날에 대한 고민이 필요합니다. 세상을 살아가는데 고민할 나이가 따로 정해져 있다는 건 말도 안 되는 이야기입니다. 누구도 자신의 인생, 한치 앞을 알 수 없기에 하루하루, 평생, 끝없는 고민을 하며 살아갑니다. 지금 조금 늦은 시기에 이미 너무 늦었다고 생각하지 마시기 바랍니다. 늦었다고 생각한 순간이 가장 적절한 타이밍일 수 있습니다. 깨달았기에 적절한 타이밍일 수 있는 겁니다. 내 인생의 선택의 기로에서 타인의 잣대를 들이댈 필요는 없습니다. 내 인생에는 누구의 잣대보다 스스로의 고민과 결정이 가장 필요하다고 생각합니다.

취준생 생활에 익숙해져
사회에 나가기가
두렵습니다

모두가
되고 싶은
어른이 되는 것은
아닙니다.

어릴 때 큰 꿈 한 번 꿔보지 않은 어른이 있
을까요? 결국 지금 자신의 모습이 어릴 때
꿈꿨던 모습이 아니라는 사실에 스스로 실망
하며 은둔을 선택하는 게 아닐까 싶습니다.
하지만 모든 사람이 반드시 대단한 사람이
돼야 하는 건 아니라고 생각합니다. 현실을
살아내는 자신의 모습 그 자체로 괜찮은 어
른이 됐다는 증거일 수 있습니다. 분명 우리
는 누구보다 자신에게 사랑받아야 아름다운

인생을 살아갈 수 있습니다.

　은둔형 외톨이라는 단어조차 낯설던 시절이 있었습니다. 은둔형 외톨이의 사전적인 의미는 집 안에만 칩거한 채 가족 이외의 사람들과는 인간관계를 맺지 않고 보통 6개월 이상 사회적 접촉을 하지 않은 사람입니다. 요즘은 은둔형 외톨이로 살아가는 자녀나 형제에 대한 문제로 상담소를 찾는 내담자도 많습니다. 그만큼 사회적 문제가 해결되지 않고 늘어나고 있다는 뜻이기도 합니다.

　내담자 중에 기억에 남는 두 분이 있습니다. 한 분은 동생 문제로 상담을 요청한 형이었습니다. 그분에 따르면 자신의 동생이 뭔가를 시작하려는 마음이 하나도 없어 보였다고 합니다. 대학 입학할 때까지는 공부도 잘하는 편이었고 대학 생활도 그럭저럭 이어나갔는데 말이죠. 졸업 후 너무나 긴 시간 동안 집에만 머물던 동생을 보며 가족 누구도 그런 모습을 예상치 못했다고 합니다.

　내담자는 동생이 대학 4학년 졸업반이 되자 취업에 대해 물었다고 합니다. 그때 동생은 "딱히 생각해본 적 없어요."라고 대답했고요. 그런데 그때는 가족 중 누구도 동생이 지금의 모습이 될 거라고 생각하지 못했을 겁니다. 그렇게 그냥 시간을 조금 주면 해결될 거라 생각한 것입니다. 졸업 후 취업을 못한 동생을 보면서도 좀 쉬다가 어디든 직장을 찾아가겠지 생각하며 조바심을 내지 않았다고 합니다. 문제는 그 시간이 결국 대학 졸업 후 5년까지 이어졌던 것입니다. 정말 그사이에 동생은 아무것도 할 생각을 하지 않는 것 같아 보였다고 합니다. 밖에 나가 뭐라도 좀 해보라고 해도 동생은 계속 집에만 머물렀고, 이제 곧 은퇴를 앞둔 부모님은 동생의 끼니를 차려주며 아들을 모시고 산다는 말까지 하셨다고 합니다.

내담자는 이제 동생보다도 부모님이 걱정이었습니다. 부모님이 돌아가시기라도 하면 동생을 돌봐야 한다는 책임감이 자신과 다른 형제에게 전가될까 걱정했습니다. 혹자는 아무리 그래도 형제인데 돌봐야 하지 않겠냐고 말할 겁니다. 하지만 각자 결혼해 가정을 꾸리고 자녀를 키우고 있는 형제들 입장에서는 장성한 동생을 자식처럼 돌보는 일이 쉽지 않을 겁니다. 아무런 기약 없이 해야 하는 일이기 때문이죠. 그분의 부모님이나 형제들도 동생이 의지만 있다면 힘을 모아 가게라도 하나 차려주고 자립을 돕고 싶은데 정작 본인이 의지가 없어 큰일이라고 여기고 있었습니다.

또 다른 내담자는 앞서 말한 동생과 비슷한 연령대였는데 저를 직접 찾아왔습니다. 저는 내담자가 지금까지의 은둔을 깨고 드디어 세상 밖으로 나오려는 걸까 싶었습니다. 하지만 상담 중에 물어보니 방향을 잡지 못하고 있는 자신에게 부모님이 상담을 권해 떠밀려 온 것이었습니다.

내담자는 대학 졸업 후 취업을 했지만 얼마 다니지 못하고 그만뒀다고 했습니다. 요즘 워낙 취업이 힘들다 보니 취업 준비생 타이틀도 그리 나쁘지는 않았다고 합니다. 그런데 서른을 넘기고 보니 더 이상 취업 준비 중이라는 말이 방패가 돼주지 않았던 겁니다. 아직도 취업 준비 중이냐는 물음을 들어야 하는 나이가 된 것입니다. 내담자에게는 그러한 주변의 시선이 고통이었습니다. 심지어 친구들과 만나 술 한잔하는 것조차 편치 않게 된 겁니다.

내담자는 모양이 빠지는 일은 하기 싫다고 했습니다. '취업준비생'으로 준비한 시간이 있는데 그저 그런 일을 하려고 그렇게 시간을 보낸 것으로 보이는 게 싫다고 했습니다. 그렇다고 '취업준비생' 타이틀을 달고 있는 동안 취업할 만한 스펙을 쌓은 것도 아니었습니다. 그때 눈에 들어온 도피처가 바로 공무원 준비였다고 합니다. 문제는 공무원 준비를 몇 년씩 하는 청년들을 곱지 않은 시선으로 바라보는 세상이었습니다. 언제까지나 공무원 시험 준비생으로 살아갈 수도 없기 때문입니다. 이제는 결과를 생각해야 할 막바지에 다다른 것이죠.

　제가 봤을 때 두 은둔형 외톨이의 공통점은 '부모님과 자존심'이었습니다. 두 분은 사는 지역도 다르고 상담 시기도 다르지만 부모님이 모두 졸업을 앞둔 아들에게 진로와 취업에 대한 이야기를 적극적으로 나누지 않았습니다. 게다가 모두 늦둥이인 덕분에 그저 귀한 아들로만 자라왔습니다. 두 사람 모두 편인偏印이 강한 사주로 오냐오냐 키운 모친의 사랑이 독이 된 것 같았습니다.

　또 두 사람 모두 자신의 분을 알지 못하고 현실 감각도 없이 자존심만 내세운다는 공통점이 있었습니다. 두 사람은 가족들이 아르바이트 자리를 소개해줘도 얼마 가지 못해 그만뒀습니다. 월급이 적다거나 일이 너무 많다거나 동료가 스트레스를 준다는 이유였습니다.

　또 친구들, 동기들과 비교돼서 시시한 일은 하지 못하겠다는 말을 반복했습니다. 주변에 잘나가는 친구들이나 동기들이 괜찮은 기업에 취업을 하고 고시에 합격해 전문직이나 공무원으로 살아가는 것을 보며 자존심 때문에라도 작은 회사에는 들어가기 싫어했던 것입니다. 그동안 몇 년간을 준비만 했는데 대단한 무언가를 보여줘야 한다는 마음이었을 겁니다.

그런데 두 사람 다 모르는 것이 있습니다. 바로 준비 중이라고 말하던 시기에 두 사람 모두 준비를 하나도 하지 않았습니다. 무엇보다 자기 자신을 너무 몰랐습니다. 두 사람은 아마도 어느새 서른이 넘었다는 사실에 겁이 났을 겁니다. 영원할 것만 같았던 젊고 어린 나이가 이제는 아니니까요. 표면적으로는 공시생이라는 타이틀을 걸어놓으면 그럴싸해 보일 거라 생각했을 겁니다. 하지만 정작 본인이 정말로 공무원이 되고 싶었던 것이 아니니 아무것도 하지 않았을 겁니다. 사람들이 "요즘 너 뭐 해?"라고 물을 때 "공무원 시험 준비해."라는 대답할 거리가 필요해 찾은 도피처일 뿐이었습니다. 이처럼 두 사람은 자신들이 낭비의 시간을 지나치게 많이 보냈다는 것을 인지하지 못했습니다.

또 두 사람은 모두 부모님께서 편하게 인도하는 길만 걸어왔습니다. 그리고 대학 졸업 후 자신이 주도적으로 선택하고 개척해야 하는 사회로의 진출을 앞두자 그야말로 패닉에 빠졌습니다. 어린 시절에 큰 어려움도 겪지 않았고 선택의 기로에서 단 한 번도 자신의 의지로 무언가를 선택하고 결정하고 책임지는 결과를 만들어보지 못했기 때문입니다.

한마디로 두 사람은 목적 있는 삶을 살아온 적이 없었습니다. 두 사람만의 책임이라고 할 수는 없습니다. 육친, 즉 부모의 탓도 크다고 생각합니다. 아마도 두 사람의 부모님은 자녀가 바라는 것은 모두 들어주는 예스맨yesman처럼 살아왔을 것입니다. 자녀를 무조건 사지로 내몰라는 말이 아닙니다. 다만 내일에 대한 아무런 고민이 없는 자녀라면 부모로서 한 번쯤은 자극을 줘야 한다고 생각합니다.

성인이 되면 책임감 있게 할 거라고, 시간이 지나면 나아질 거라고 방관한 부모님의 책임은 무시할 수 없습니다. 자녀를 위해 단호한 결정을 내리지 못하면서 방에서 나가지 않고 목표조차 없는 서른 살 자식의 끼니를 차려주며 용돈을 준다면 진정한 사랑이라 할 수 없습니다. 한없이 품어주고 보듬어주면 오히려 자식이 올바르게 자라게 할 수 없습니다.

감독 고레에다 히로카즈는 영화 〈태풍이 지나가고〉의 시나리오를 쓰기에 앞서 이런 문장을 썼다고 합니다. "모두가 되고 싶은 어른이 되는 것은 아니다." 저는 영화를 보기 전에 인터뷰 기사에서 그 문장을 읽고 한참을 울었습니다. 저 역시 어린 시절 제가 되고 싶었던 어른으로 성장하지 않았습니다.

살다 보면 현실의 벽에 부딪혀 어쩔 수 없이 지금껏 걸어온 길을 두고 우회하기도 합니다. 우회한 그 길은 반드시 틀리지도 않고 마냥 서글프지도 않습니다. 지금 젊은이들에게 꿈을 갖고 목표를 갖는 것조차 사치라고 말하는 이도 있습니다. 하지만 그렇다고 해서 방향을 잡지 않고 가는 것이 무조건 맞는 것도 아니라고 생각합니다.

우회한 그 길에서 또 다른 목표와 꿈을 찾기도 합니다. 나 홀로 여행 중 예상치 못한 포토 스폿을 찾은 것처럼 말입니다. 결국 자신의 인생을 걸어가는 사람은 자신이지, 부모님이나 형제가 아닙니다. 자신이 걸어갈 길이라면 지도를 쥔 스스로가 선택해야 힘들고 고된 길이라도 후회하는 마음이 줄어듭니다. 그리고 그 길을 걸어가는 시간 동안 느끼는 행복도 슬픔도 절망도 모두 자신의 감정입니다.

자신이 선택한 길이라면 누구의 탓도 해서는 안 됩니다. 자신의 선택에 대한 책임도 자신이 져야 합니다. 그게 바로 인생입니다. 그러니 지금 준비 없이 사회에 던져진 채 어떤 길을 가야 할지 용기가 나지 않는 사람이라면 모두 자신을 위해 깊이 고민하는 시간을 한 번쯤은 가져보길 권합니다. 앞으로 살아갈 날들 속에서 스스로 선택해야 하는 길들이 무수히 펼쳐질 겁니다. 자신이 내린 결정이 틀릴지라도 스스로 결정해보길 바랍니다. 자신을 믿고 용기를 내보길 바랍니다. 제 경험에서 우러난 진심이 많은 사람에게 닿아 어둡고 좁은 혼자만의 방에서 나올 수 있길 바랍니다.

3

더 큰 세상으로
나아가야 할 때

해외로 나가야 하는 사람들

더 넓은
세상으로 나가면
운이 트일 수
있습니다.

해외에 나간다는 의미를 물을 건넌다고 표현
합니다. 물을 한번 건너게 되면 사주에서는
자신에게 없는 것이 채워지는 신비한 현상
이 일어납니다. 만약 내 사주에서 오행 중에
수가 없다면 해외에 나가는 것만으로도 수가
채워집니다. 수가 없어 생기는 리스크도 사
라집니다. 결과적으로 국내에서 학위를 따고
자신의 일을 해나가는 것보다 해외에 나가야
더 좋은 학위와 성취가 이뤄지는 사주가 있

습니다.

　제가 비대면 상담을 시작한 것은 먼 곳에 있는 내담자들의 이야기까지 가급적 많이 듣고 싶어서였습니다. 해외에 거주 중인 분들도 적잖게 전화로 상담 요청을 합니다. 그분들과 상담을 시작하기 전이면 어떤 인연으로 그 먼 곳에서 살고 계신 건지 궁금해집니다.

　한 상담자는 프랑스에 거주 중인 분이었습니다. 시차 때문에 휴가 중 이른 아침에 일어나 상담을 진행했습니다. 상담자의 사주를 보는 순간 저는 정말 놀랐습니다. 기미일주己未日柱인 여성분으로 비겁이 그토록 많은 사주를 지금껏 보지 못했기 때문입니다. 제가 상담자에게 진정한 '존버의 일인자'라고 말씀드렸더니 자신이 가장 많이 쓰는 말이 "존버해야 해!"라며 깜짝 놀랐습니다.

　상담자는 국제결혼을 한 남편과 싸움이 잦아 지친 상태라고 했습니다. 그러면서 남편과 해로할 수 있을지 걱정이라고 했습니다. 하지만 상담자의 사주를 보면 남편도 이길 수 없습니다. 저는 상담자 자신의 생각이 강해 아무도 그 틀을 깰 수 없다고 말씀드렸습니다. 상담자는 남편에게 "너는 자아가 너무 강해. 캐릭터가 너무 강해서 나를 자꾸 밟고 올라가려 해."

라는 말을 자주 듣는다고 했습니다.

하지만 저는 상담자가 국제결혼을 한 게 오히려 다행이라고 생각합니다. 만약 보수적이고 권위적인 한국인과 결혼했다면 더 많이 싸웠을 것이고 상담자의 강한 성격을 버티지 못했을 거라고 조언했습니다. 그 말을 듣던 상담자는 실제로 남편이 자신에게 "너는 공격적으로 말하고 늘 싸우고 싶어 해."라는 말도 자주한다고 했습니다.

그분의 말을 듣고 한참을 웃었습니다. 저도 비겁이 많은 사주이기 때문입니다. 비겁다자比刼多字인 상담자는 일간이 기토己土로 사주에 토가 많습니다. 정말 많아도 너무 많았습니다. 오행 중에 하나가 너무 강하면 조후가 무너진 것이기도 합니다. 조후가 무너졌다면 자아가 강한 것보다 건강에 문제가 생길 수 있습니다.

우선 혈관성질환이 우려됐습니다. 시력이나 호르몬 갑상선도 걱정돼 언급했더니 상담자는 20대에 뇌종양 수술을 했던 이력이 있어 건강이 너무 걱정이라고 했습니다. 더구나 한국에서 수술을 하고 온 상태여서 의료 체계가 한국만큼 갖춰져 있지 않은 외국에서 제때 치료를 받지 못할까 봐 걱정이 커 보였습니다. 앞으로 건강이 괜찮겠냐고 묻는 상담자를 생각하니 유독 마음이 쓰였습니다.

하지만 상담자처럼 수가 절실한 분들은 물 건너 해외에 거주하는 게 낫습니다. 건강을 생각해서라도 그렇고 자신의 인생 전반에 걸쳐서도 더 낫습니다. 더구나 현재 거주하는 곳이 섬이라는 말에 건강을 위해서도 한국보다 프랑스에서 지내는 것이 나을 거라 말씀드렸습니다.

수가 없는 사주의 경우 해외로 나가는 것만으로도 수가 없어 생기는 타격을 받지 않을 수 있습니다. 물을 건너는 것을 곧 해외로 나간다고 생각하면 쉽습니다. 나라는 크게 중요하지 않습니다. 물 건너 어디든 해외로 나간다면 수는 채워집니다. 실제로 해외에 거주 중인 분들의 사주를 보면 수가 없는 분들이 가장 많습니다.

사주에 수가 부족한 자녀를 해외로 유학을 보낸 경우 더 순조롭게 학업에 임하고 명문대를 간다면 사주에 없는 글자가 채워진 것이라 보면 됩니다. 결혼도 마찬가지입니다. 한국에서는 결혼이 늦어지거나 좀처럼 할 생각이 없는 분들이 국제결혼을 하거나 해외에서 결혼을 하는 경우가 그렇습니다.

사주의 신비하고 재미있는 비밀이 한 가지 더 있습니다. 해외로 나가 살다 한국으로 돌아오면 자신의 사주에 없는 글자를 채워 살았던 그 햇수만큼 유지됩니다. 예를 들어 수가 없는 사주의 명주가 해외에서 7년을 산 뒤에 한국으로 돌아왔다면 한국에서 7년을 보내고 나면 수가 바닥이 납니다. 해외에 다녀온 사람이 갑자기 취업도 잘되고 학업도 순탄하게 해내는 경우가 대표적입니다.

단, 해외에 나가 지낸 시간만큼만 써먹기 때문에 그 이후에는 다시 사주에 수가 없어 생기는 타격을 받습니다. 예를 들어 해외에서 3~4년 공부하고 한국으로 돌아온 뒤 바로 취업이 되고 순탄하게 사회활동을 하던 중에 갑자기 3~4년 뒤에 이직을 해야 한다거나 심한 경우 직장을 잃는 식으로 타격을 받습니다. 모두 다 해외에서, 다시 말해 물 건너에서 채웠던 수를 다 써버렸기 때문입니다.

이렇듯 해외에 나가 역동적인 삶을 살아야 더 좋은 사주가 있습니다. 물 건너 하늘 건너 나가야 하는 운명을 가진 사람이 그러지 못하면 지금 상황이 답답하게 전개되고 일이 잘 풀리지 않을 수 있습니다. 만약 자신의 사주가 그렇다면 큰마음을 먹고 해외로 떠나길 권합니다. 학업에서든 취업에서든 순조롭게 성공가도를 달릴 수 있습니다. 해외 인연 사주인 분들은 머뭇거리지 말고 용기를 내어 떠나보길 바랍니다. 이동하거나 움직이는 행위 자체로 운이 흐를 수 있습니다. 운명적인 나의 큰 이동이 나의 능력을 최대치로 발휘하게 만들 수 있습니다.

4

우리 아이도 천재 같은데,
천재는 타고나는 것인가요?

천재사주 | 타고난 것과 추구하는 것이 같은

천재는
부모의 욕심으로
만들어지는 것이
아니라
아이의 타고난
소질과 노력이
필요합니다.

자녀의 사주를 상담하러 오는 분들이 오해하는 것이 있습니다. 어린 자녀의 사주를 본다고 해서 내 아이의 운명을 끝까지 들여다볼 수는 없습니다. 그보다 사주는 아이를 키울 때 필요한 부모의 역할을 알기 위한 수단 정도라고 생각합니다. 즉, 부모의 욕심을 내려놓고 아이가 타고난 재능과 성향을 존중해줘야 합니다.

자녀가 있는 분들은 한 번쯤 우스갯소리로

이야기하는 '내 새끼 천재설'을 들어보셨을 겁니다. 자녀가 어릴수록 부모는 내 자식이 조금만 돋보여도 천재라고 믿는 경우가 많습니다. 저도 아이를 키우는 엄마이기에 그 마음을 잘 압니다. 요즘은 시대가 많이 변했기 때문에 공부만 고집하는 고리타분한 사고방식을 가진 부모님은 거의 찾아보기 힘듭니다. 또 의무 교육 기간이 꽤 길어서 옛날처럼 돈이 없어 학교 졸업을 못 하는 상황도 거의 없습니다.

제 기억 속에 천재라고 하면 가장 먼저 떠오르는 분은 첼리스트 장한나입니다. 어린 나이에 장한나 씨가 음악에 빠져 첼로를 연주하는 모습이 굉장히 인상적이었습니다. 지금까지도 그 인상이 강하게 남아 있어 천재 하면 가장 먼저 그녀를 떠올립니다. 젊은 분들을 잘 모를 수 있습니다. 요즘은 피겨선수 김연아나 축구선수 손흥민 같은 천재 스포츠 스타들이 더 많이 알려져 있죠. 그럼 천재는 정말로 특별한 사람일까요? 천재의 사주는 뭔가 다를까요? 아닙니다. 생각보다 천재가 만들어지는 이유 혹은 방법은 단순합니다.

사람마다 타고난 재능이 있습니다. 타고난 재능이 자신이 태어날 때 부여받은 것이라면 성장 과정에서 (운의 간섭도 받으면서) 자신이 추구하는 방향이나 세계는 자신이 후천적으로 습

득한 것입니다. 두 가지가 만나 같은 방향을 바라볼 때 그야말로 "천재 났네!"라는 말이 나옵니다.

단순하게 생각하면 쉽습니다. 우선 자신이 좋아하고 하고 싶은 것이 있고, 자신이 잘하는 것이 있습니다. 두 가지가 일치되는 사람들은 자신이 좋아하는 걸 잘하고 싶어 합니다. 그러면 남다른 노력을 쏟을 수밖에 없겠죠. 그렇게 노력을 했을 때 비로소 천재가 완성됩니다. 너무나 당연한 말이지만 두 가지가 한 방향으로 짝을 짓기는 생각보다 힘듭니다.

자신이 좋아하는 것과 별개로 잘하고 싶은 것, 추구하고 싶은 것, 가고 싶은 것이 다른 인생을 우리 주변에서 너무나 많이 볼 수 있습니다. 그렇게 인생의 비극은 시작됩니다. 분명 재능을 타고났는데 발복이 되지 않은 친구들을 보면 대체로 자신이 잘하는 것을 하기 싫어합니다. 달리 말하면 게으르다고 할 수도 있습니다.

예를 들어 자신이 어학에 소질이 있다는 것을 잘 알고 있는 사람이 있습니다. 자신도 자신의 타고난 소질을 잘 알고 있습니다. 그런데 만약 자신이 추구하는 방향과 궤도가 다르다면 자신이 타고난 소질을 그냥 적당히 활용할 뿐 간절한 노력을 쏟지 않습니다. 이런 사람들은 대체로 무언가를 배울 때 빨리 습득합니다. 대신 깊게 파고드는 힘이 부족합니다. 그런 자녀를 지켜보는 부모의 마음은 타들어가겠죠.

보통 부모의 눈에는 자기 자녀가 재능을 가졌다고 생각되는 것이 금방 들어옵니다. "내 새끼가 분명 천재일 수 있겠다." 싶은 마음이 들면 어떤 부모라도 자녀의 재능을 발휘할 수 있도록 이것저것 시켜볼 겁니다. 하지만 시간이 흐르면 흐를수록 부모의 기대만큼 발전하지 않은 아이는 부모가 생각하는 '천재'가 아닐 겁니다.

비극은 또 있습니다. 자신이 잘하지 못하는 걸 지독하게 추구하는 경우입니다. 자신에게 타고난 재능이 없음에도 불구하고 운의 간섭 혹은 조후가 많이 치우친 사주라면 본능적으로 조후를 맞추기 위한 갈망이 생깁니다. 그런데 이런 경우는 제아무리 노력을 해도 결과를 보지 못한 채 긴 시간을 고독하게 보내게 됩니다. 만약 이러한 비극이 운의 간섭으로 시작된 것이라면 운이 끝날 때 자연스럽게 가던 길을 멈추게 됩니다. 즉, 평생 이어지지 못한다는 말입니다.

학습學習은 《논어》의 학이시습지學而時習之에서 나온 말로 배우고 때때로 익힌다는 뜻입니다. 즉, 학습이 되려면 배우기만 해서 되는 게 아닙니다. 스스로 익히는 시간을 반드시 들여야 완성됩니다. 세상에는 이 두 가지가 동시에 되지 않는 사람들이 의외로 많습니다. 특히 학學은 되는데 습習이 안 되는 사람들은 긴 시간 동안 파고드는 공부를 하는 힘이 부족합니다. 짧은 시간에 빨리 배우긴 해도 긴 시간 익히는 작업을 하지 않으면 금방 잊어버립니다.

시험을 예로 들어보면 짧은 시간 공부해서 통과할 수 있는 시험이 있고, 긴 시간 공부해야 하는 시험이 있습니다. 수능도 최소 2~3년을 공부했을 때 성과가 나오는 고시성 시험에 해당합니다.

예체능 전공자들의 사주를 보면 의외로 인성의 세력이 강한 분들이 많습니다. 공부든 예체능이든 긴 시간 동안 독하게 노력하는 끈기가 없으면 천재는 만들어지지 않는다는 말입니다. 아무리 재능이 있어도 노력이 받쳐주지 않으면 재능이 발복할 수 없습니다. 자신에게 부여된 재능이 커도 스스로 추구하고 노력하지 않으면 절대 천재가 될 수 없습니다.

제가 이번 장의 제목을 〈내 아이가 타고난 재능과 소질을 가진 사주라면?: 타고난 것과 추구하는 것이 같은 천재사주〉로 정한 이유가 무엇일까요? 월주는 사주에서 자신이 살아가는 환경, 직업궁 그리고 부모의 자리이기도 합니다.

부여된 재능을 추구한다는 것은 결국 부모의 조력, 부모의 뜻이 아이와 같은 뜻으로 이뤄져야 한다는 의미입니다. 하지만 아직도 공부를 최고로 생각하고 무조건 아이에게 "의사가 될 거지?"라고 강요하는 부모님이 많습니다. 그런 분들은 공부가 제일 돈이 적게 들고 크게 될 수 있는 방법이라고 생각하곤 합니다.

그런 부모님들이 저를 찾아오면 저는 매번 "어머님은 어릴 때 공부 잘하셨어요?"라고 묻습니다. 자신이 공부를 좋아하고 또 잘했던 사람은 훗날 어떤 사람이 되려면 얼마나 공부를 해야 하는지 가늠이 되므로 아이에게 의사가 되라는 식으로 말이 앞서지 않습니다. 그 대신 어머니도 아이를 위해 발로 뛰고 엄청난 관심과 노력을 쏟아붓습니다. 어떤 미래에 대해 가늠이 되지 않는 분들이 그저 입으로만 의사나 교수가 되라는 식으로 아이에게 말합니다.

아이들의 사주를 들여다보면 분명 소질이 있는 분야가 있습니다. 그런데 막상 부모님에게 아이의 소질에 대해 물어보면 얼버무리거나 잘 모르는 경우가 흔합니다. 그럴 경우 부모님들은 아이에게 공부 이외에는 다양한 경험을 시켜주지도 않았을뿐더러 소질을 찾아가는 과정에 소홀할 때가 많습니다.

무턱대고 아이에게 돈을 많이 쏟는다고 해결되지 않습니다. 현대 사회만큼 다양한 경험이 중요한 시대도 없을 것입니다.

아직 아이가 초등학생이나 중학생이라면 아이의 재능과 아이가 잘하는 분야를 찾아주는 것은 부모님의 몫이라고 강조하고 싶습니다. 김연아 선수나 손흥민 선수의 부모님이 아이의 재능을 알아보고 지원해주지 않았다면 과연 그들이 지금 어떤 삶을 살아가고 있을까요?

모든 부모의 마음은 같을 것입니다. 자식에게 효도를 바라는 게 아니라 자신보다 나은 삶을 살기를 바랄 겁니다. 저도 마찬가지입니다. 아이들이 자기 재능을 발휘할 수 있는 일을 찾아 노력해 얻은 결과에 성취감을 느끼며 사는 행복한 인생을 살아가길 누구보다 바랍니다. 부모의 역할은 아이에게 부모가 원하는 길을 강요하는 것이 아닙니다. 아이가 타고난 재능을 놓치지 않고 발휘하고 살아갈 수 있게 그것을 찾을 수 있는 많은 경험과 기회를 주는 것입니다.

5

한 해의 운으로
수능 점수가 결정될까요?

공부에 필요한
인성印星과 문창귀인文昌貴人

대입은 전적으로
'노력'의 결실,
자녀의 선택을
존중하고
응원해주세요.

의외로 시험운에 대해 잘못 생각하고 있는 분들이 많습니다. 특히 수능을 앞둔 자녀를 둔 부모님들이 "올해 수능 당일 우리 아이 운이 괜찮습니까?"라는 질문을 많이 합니다. 시험운은 자녀에게 흐른 최소 2~3년간의 학업 운을 봅니다. 아이가 그동안 공부를 잘했는데 단순히 하루의 운이 나빠 수능을 망쳐 대학을 제대로 못 갈 확률은 거의 없다고 보면 됩니다. 고등학교 3년간의 평점을 대학진학의 운으로 본다면 조금 더 냉정한 평가를 할 수 있습니다.

단 하루의 시험으로 승패가 나뉘는 수능시험이지만, 그날 하루 운의 좋고 나쁨으로 결과가 달라지지 않습니다. 수능과 같은 고시성 시험은 공부를 해온 시간이 더 중요합니다. 즉, 고등학교 3학년 시기에 단 하루에 치러지는 시험일지라도 고등학교 1학년 때부터 얼마나 열심히 공부할 운이었는지를 본다는 의미입니다. 시험의 결과는 노력 없이 단 하루의 횡재수로 얻을 수 없습니다.

수능이 한참 남은 어느 날, 한 내담자가 아이의 입시 상담을 하고 싶다고 찾아와서는 이런 질문을 했습니다.

"시험을 못 봐도 그해 운이 좋아서 좋은 대학을 가는 경우도 있다고 하던데 우리 애한테 그런 운이 있나요?"

어머니의 질문이 너무 황당한 나머지 지금까지도 기억이 생생합니다. 당시는 수능을 친 이후도 아니었습니다. 아마도 아이가 부모의 욕심만큼 공부를 하지 않고 성적도 나오지 않으니 답답한 마음에 저를 찾아왔을 겁니다. 내담자의 말씀대로 정말 공부는 전혀 하지 않고도 그저 운으로 좋은 대학에 갈 수 있을까요? 오히려 제가 명문대를 나온 분들에게 묻고 싶습니다. 정말 공부를 안 하고 대학에 합격한 분이 있는지 말입니다.

그럼 사주에서 수능운을 어떻게 보는 걸까요? 우선 타고난 그릇 자체가 성격成格이 돼 있는지가 중요합니다. 그다음 두 가지 조건으로 공부를 잘할 그릇인지 보려면 육친 중 인성의 상태를 우선 봅니다. 그리고 문창귀인文昌貴人이라는 신살이 있는지를 봅니다. 문창이 있으면 총명의 별이 됩니다. 이 두 가지가 갖춰져 있는지 봐야 합니다. 사주 네 개의 기둥 중 초년을 보는 연주年柱와 월주에 인성이 있는지도 중요합니다. 시주時柱에 있는 인성은 초년에 빨리 써먹기 힘듭니다. 늦게 써먹게 됩니다.

공부는 결국 오래 버티는 자가 해냅니다. 인성은 엉덩이를 얼마나 오래 붙이고 앉아 있을 수 있는지를 살피는 기준이기도 합니다. 만약 초년에 인성을 쓰기 힘들면 공부할 때 엉덩이가 들썩거리기 쉽습니다. 오래 앉아 책을 보기 힘들다는 말이죠. 타고난 사주에 관성이 좀 부족해도 인성의 세력이 있다면 공부를 해냅니다. 결국 엉덩이 오래 붙이고 있는 사람이 이긴다는 이야기입니다.

다음으로 운의 흐름을 봅니다. 타고난 그릇이 공부할 그릇이라고 해도 운의 흐름이 인성을 돕지 못하는 운으로 흘러버리면 공부를 하지 않게 됩니다. 이런 아이들이 머리는 좋은데 엉덩이 붙이고 앉아 있질 못해 부모님의 애를 가장 많이 태웁니다. 부모라면 아이가 총명함을 공부에 쏟아붓길 바라지만 이런 아이들이 재성운의 간섭을 받으면 돈 버는 데 관심을 갖기도 합니다.

조후도 중요해서 인성이 태과하면 오히려 엉덩이를 붙이고 있지 못하게 됩니다. 비유를 하자면 부모의 사랑이 지나쳐서 독이 됐다는 이야기입니다. 어머니의 잔소리가 지나치게 과하면 아이가 비뚤어질 수 있는 겁니다. 무엇이든 많아서 좋을 게 없습니다. 이미 인성이 태과한 사주라면 운에서 인성이 오는 것이 별 도움이 안 됩니다.

수능운을 볼 때 첫 번째가 인성이라면 두 번째는 관성입니다. 고등학교 3년 시기에 재성운이 흐르면 대체로 공부를 하지 않습니다. 그럼 18세까지 공부하지 않는 운이 오다가 19세에 인성운이나 관운이 오면 수능을 잘 쳐서 좋은 대학에 갈 수 있을까요? 이럴 때는 고등학교 2~3년 운의 흐름을 봅니다. 그중에서도 고2와 고3, 이렇게 2년간의 운을 가장 비중 있게 봅니다.

물론 고3 때 인성운이 찾아와 갑자기 정신 차리고 1년간 공부를 할 수 있습니다. 그렇다고 허구한 날 놀던 학생이 1년 바짝 공부한다고 해서 좋은 대학에 갈 가능성은 적지 않을까요? 그럴 경우 상담자가 "재수를 해도 될까요?"라고 물으면 그다음 해까지 운이 돕고 있으니 그렇게 하라고 조언합니다. 1년 간 공부로는 어려워도 2년간 공부하면 잘될 수 있으니까요. 이렇게 운의 비중이 큽니다.

예를 들어 고3 때 수능을 쳤는데 목표로 삼았던 대학의 문턱에서 아슬아슬하게 미끄러진 사람이 있다고 합시다. 한 해더 공부하면 잘할 수 있을 것 같지만, 고등학교 졸업 후 흐르는 운이 공부가 안 되는 운으로 흐르면 생각대로 되지 않습니다. 심지어 고3 때 성적보다 훨씬 못한 점수를 받습니다.

재수를 하려면 졸업 후 흐르는 운이 중요합니다. 따라서 고등학교 3년간 공부를 아무리 열심히 했어도 졸업 후 운의 흐름을 보고 판단해야 합니다. 고3 때 열심히 공부해 서울대 간 사람의 운이 인성을 훼손하는 운으로 흐르면 심한 경우 전문대 갈 성적밖에 나오지 않을 수도 있습니다.

상담을 하다 보면 시험운과 취업운을 혼동하는 분들이 많습니다. 쉽게 말해 시험운은 시험운이고, 취업운은 취업운입니다. 재성이 관운을 돕는 운일 때 취업이 잘됩니다. 반면 공무원 시험, 임용고사 행정고시, 사법고시 등 고시성 시험을 치르는 해에 인성운이 와주면 좋습니다. 그리고 원국에 인성이 없거나 약하면 오랜 시간 공부해야 하는 시험에는 약합니다. 이런 분들은 운이 돕지 않으면 제아무리 고시성 시험을 몇 년씩 준비해도 결과가 만족스럽지 못할 수 있습니다.

부모의 욕심도 모두 자녀를 사랑하는 마음에서 비롯한다는 것을 잘 알고 있습니다. 하지만 아이의 진로는 부모 마음대로 되지 않습니다. 다시 강조하지만 오랜 시간 공부한 결과가 시험의 결과입니다. 수능날 하루의 운으로 자녀의 진로가 좌우되는 것이 아닙니다. 또 수년간의 노력의 결실은 부모의 바람대로 되지 않을 수도 있습니다. 그러니 진로를 결정하고 오랜 시간 노력을 해야 하는 선택만큼은 자녀에게 맡겨주세요. 자녀의 인생은 결국 자녀의 몫입니다. 자녀의 의사를 존중해주면서 부모님의 목소리를 내셔야 합니다.

경력의 단절이
능력의 부족은 아닙니다

자녀와 함께
또 한 번 성장할 수
있습니다.

사람의 타고난 팔자 중에 살아가지 못하는 팔자는 없다고 합니다. 즉, 타고난 팔자는 사람마다 다르지만 모두 인생을 살아갈 수 있을 만한 자신만의 무기가 있다는 의미입니다. 상담으로 만나는 분 중에 결혼 후 출산과 육아로 경력이 단절된 30~40대의 여성들은 주로 다시 일하고 싶다는 말을 많이 합니다. 그동안 사회활동에서 멀어졌지만 아이가 어느 정도 크고 난 후 '나'에 대해 고민할 여유가 생기고 개인의 성취에 대한 욕심이 나는 건 당연합니다. 비록 자신이 돌아갈 사회생활이 생계를 위해 돈을 벌기 위한 수단 일지라도 말이죠.

결혼 전에는 제아무리 활발하게 사회활동을 하던 여성도 일단 임신과 출산을 하는 과정에서 경력이 단절될 수밖에 없습니다. 아이 하나만 키워놓고 다시 사회로 나가겠다고 다짐 했다가도 둘째가 생기면 정말로 긴 시간을 사회와 떨어져 있게 됩니다.

물론 언제라도 다시 일을 시작할 수 있는 전문직은 별문제 가 되지 않을 겁니다. 하지만 사회에는 그렇지 않은 직종이 더 많습니다. 보통 여성은 결혼 전까지는 남성보다 먼저 사회활 동을 시작하지만 결혼을 하고 아이를 하나둘 낳으며 자연스 러운 수순처럼 경력을 이어나가지 못하게 됩니다. 어느 순간 정신을 차려보면 10년이란 공백이 눈앞에 놓여 있습니다. 그 토록 긴 공백기를 거치고 나면 예전에는 천직 같았던 일도 다 시 시작할 수 있을지 확신도 자신감도 생기지 않는 게 당연합 니다.

출산 후 반강제로 생긴 공백기를 힘들게 보내는 여성분들 이 있습니다. 소위 '애 보는 게 일하는 것보다 힘든' 분들입니다. 이런 분들이 사회로의 복귀를 고민한다면 저는 적극적으로 다시 시작해보라고 권합니다. 사회에서 발산할 수 있는 에너지가 큰 분들이기 때문입니다.

처음 배우고 시작하는 일이라도 괜찮습니다. 자신의 능력을 발휘하며 살아야 하는 여성분들이 의외로 많습니다. 다시 일을 시작해볼까 하는 고민을 갖고 저를 찾아오는 시기에 즈음해서 직장 전변을 할 수 있는 운이 시작되는 분들도 있습니다. 운이 이제 다시 시작해보라고 등을 떠민 것입니다.

많은 사람이 태어날 때부터 타고난 천직이 정해져 있다고 생각하겠지만 사실 직업의 선택은 취직해야 하는 시기에 흐르는 운의 영향을 많이 받습니다. 전공을 살리지 못하고 산다는 분들이 대부분 그렇습니다. 그런 분들은 대부분 대입 준비 시기에 흘렀던 운과 취직 준비 시기에 흐르는 운의 궤도가 달라 전공을 써먹지도 못하고 전혀 상관없는 분야로 진출합니다. 실제로 우리 현대 사회에는 오히려 전공을 살리지 못하고 무관한 일을 하는 분들이 더 많습니다.

경단녀로 불리는 여성분들 중에 사주를 들여다보면 의외로 평생 일할 수 있는 능력을 가진 분들이 많습니다. 무엇보다 우리 주변을 돌아봐도 40대에도 끊임없이 뭔가를 배우고 자격증을 취득해 새롭게 일을 시작하는 여성분들이 많습니다. 그러니 그저 걱정만 하지 말고 앞으로 무엇을 할 수 있을지 구체적으로 고민하는 시간을 가져보면 좋겠습니다.

다시 일을 시작하기 위해 고민하며 찾아오신 내담자 중에 기억나는 분이 있습니다. 내담자의 사주를 보니 영업에 소질이 있어 보였습니다. 곧바로 성과가 보이고 성과에 대한 보답이 주어질 때 더 의욕적으로 일할 수 있는 분이었습니다. 그분에게 이전에 하던 일을 여쭤보니 출산 전까지 영업을 했다고 했습니다.

또 다른 분은 퇴직을 준비해도 될 나이임에도 현재 다니는 직장을 퇴직한 후에 새로운 일자리를 고민하고 있었습니다. 아직 완전히 독립하지 않은 자녀도 있고, 무엇보다 배우자가 계속 일하길 원하신다고 했습니다. 먹는 장사를 고민하셨지만 장사보다는 전문자격을 갖춰 할 수 있는 일을 생각해보시라 말씀드렸습니다. 의욕에 빛나는 내담자의 눈을 보니 저는 아직 젊다는 생각이 들었습니다.

요즘은 평생직장이라는 말을 회사의 오너부터 일하는 직원까지 마음에 담아두지 않는 분위기라 생각합니다. 실제로 30대 후반에서 40대 초중반 사이에 직장 전변을 고민하는 상담이 가장 많이 이뤄집니다. 그리고 나이 상관없이 자격을 갖춰 일할 수 있는 분야가 많습니다.

결혼 이후 오랜 기간 일을 멈췄던 분들이 다시 일을 시작하시는 데 주저하지 않았으면 합니다. 사회로 진출하기 위해 가장 먼저 갖춰야 할 것은 나이도 능력도 아닌, 일단 부딪혀보는 용기가 아닐까요?

하고 싶은 일과
잘할 수 있는 일

자신의 선택에
책임질 수 있는
사람이라면
어떤 선택이든
응원받을 수
있습니다.

우리는 인생을 살아가면서 무수히 많은 선택의 기로에 서게 됩니다. 그때 자신이 어떤 선택을 하느냐에 따라 운명은 달라집니다. 하지만 그런 선택들에는 분명 책임이 뒤따릅니다. 무언가를 선택했을 때 선택하지 않은 다른 것을 잃는 것은 당연한 이치입니다. 그냥 얻어지는 것은 하나도 없습니다. 운명이야말로 결국 자신의 선택에 따른 결과이기에 인과응보因果應報라는 말이 가장 잘 어울립니다.

우리는 늘 꿈과 현실 사이에서 갈등합니다. 꿈을 좇으면 현실이 고달프고 그 반대가 되면 평생 이루지 못한 꿈이 미련으로 남게 됩니다. 10~20대 청춘들만 꿈을 좇는 것이 아닙니다. 현실에 부딪히거나 거역할 수 없는 부모님의 뜻에 따라 정해진 길을 가야만 했던 중장년층도 지금이 아니면 정말 늦을 것 같다는 생각이 드는 순간, 그리고 자신이 달려온 길을 돌아보며 모든 게 무의미하다고 느끼는 순간, 지금이라도 자신이 하고 싶었던 것을 해볼까 하는 생각을 합니다. 꿈과 현실 사이의 길은 왜 이토록 멀기만 할까요?

하루는 남부러울 것 없는 직업을 가진 30대의 기혼 남성이 상담을 하기 위해 저를 찾아왔습니다. 그분은 어릴 때부터 그림을 그리고 싶었지만 부모님의 기대치와 자신의 자존심 때문에 공부를 하지 않고 그림을 그리겠다는 말을 감히 입 밖으로 낼 수가 없었다고 합니다. 그분의 사주를 보니 부모님이 아주 엄해 보였습니다. 내담자도 부모님을 거역할 성정이 아니었습니다.

하지만 결혼하고 아이도 낳고 천직이라 생각했던 일에 치이며 정신없이 살다 보니 돈도 명예도 별것 아니란 생각이 들은 듯했습니다. 그분은 지금부터라도 그림을 그리면 먹고살 수 있겠냐고 물었습니다. 저는 사주를 들여다보고는 웃으며 그분에게 물었습니다. "그림을 그리셔도 돼요. 그런데 그림을 그리시면 그림으로 먹고사는 수준이 지금과는 같지 않을 겁니다. 지금 많이 벌어놨으니 그냥 보통 사람들의 월급만큼만 벌어도 괜찮다고 생각된다면 그림을 그리셔도 돼요. 그런데 그렇게 사실 수 있으시겠어요?"

내담자는 대답을 하지 못했습니다. 아마도 그분은 지금까지 꾸려온 삶을 다 버릴 자신이 없었을지 모릅니다. 젊은 시절이라면 패기로 다시금 꿈의 길로 접어들 수 있을 겁니다. 하지만 현재는 결혼도 했고 아이도 있으며 다른 많은 것들을 누리고 살고 있기 때문에 주저할 수 있습니다. 만약 그림을 그려도 지금만큼 벌 수 있고 명예도 얻는다고 했다면, 부모님의 그늘에서 벗어난 나이이니 붓을 다시 들었을지 모릅니다. 그래서 저는 취미로 삼을 수준이라면 그림을 그려도 괜찮다고 조언했습니다.

저는 아마도 내담자가 현재 하고 있는 일을 그만두지 못할 거라고 생각합니다. 쉽게 말해 그분의 삶에 주어진 환경에서는 그림을 돈으로 만들고 업으로 삼을 수가 없습니다. 그림에 대한 재능의 유무를 떠나 그림을 그렸다면 지금과 같은 부는 누리지 못했을 겁니다. 현재 자신이 하는 일이 조금 힘들고 고

되고 오랜 시간 해온 탓에 지긋지긋하니 자신이 한때 꿈꿨던 길, 자신이 가보지 못한 길이 떠올랐을 뿐입니다. 때마침 운이 재능 발휘를 하고 싶을 운이기도 했습니다. 하지만 타인에게 보여지는 명예나 삶의 질을 포기할 만큼 꿈을 추구하는 분은 아니었습니다.

저도 30대 중반까지 제 꿈을 버리지 못해 방황을 했습니다. 자신이 꿈을 좇아 성공도 하고 돈도 벌면 얼마나 좋을까요? 자신에게 주어진 사회 환경과 재능이 이상과 다른 경우 참 고달파집니다. 현실을 받아들일 경우 그럭저럭 순탄하게 살 수 있을지 모릅니다. 반대로 이상을 좇아가면 돈은 벌지 못해도 행복할 것이라 막연하게 생각합니다. 하지만 대체로 그렇지 못합니다. 현실의 벽은 너무 높습니다. 솔직히 말해 현대 사회에서 돈이 없으면 너무 힘들게 살게 됩니다.

자신이 추구하는 것과 타고난 것이 다른 분들이 많습니다. 자신이 어릴 때 추구하던 방향으로 따라갔다가 나이가 들어 자신이 타고난 것으로 돌아와 안정을 찾게 되는 경우가 있습니다. 그동안 시행착오를 겪으며 어른이 되고 보니 현실을 직시하게 된 것입니다. 그러고 보면 "네가 철이 없어 뭘 몰라 꿈 타령을 하는 거야."라는 말도 마냥 틀린 말은 아니었다는 생각이 듭니다. 운명이 참 가혹하다는 생각마저 듭니다.

이상과 현실 속에서 자신이 어떤 선택을 하는지는 나이가 많고 적음의 문제가 아닙니다. 순탄한 삶과 굴곡진 삶 사이에는 항상 물질이 간섭을 합니다. 그런 점에서 저는 자신이 좋아하는 일로 돈을 버는 분들이 가장 큰 복福을 가진 분들이 아닐까 싶습니다. 꿈과 현실에서 선택의 기로에 서신 분들은 자신의 꿈이 물질보다 값진지 한번 생각해보길 권합니다. 만약 그렇다면 현실을 뒤로한 채 과감히 행복해질 작정으로 꿈을 좇아도 됩니다. 저는 현실과 절반쯤 타협한 장년층이기에 꿈을 좇는 분들의 용기에 박수를 보내며 언제나 응원합니다.

당신도 운을
벌 수 있습니다

5부

연애와
결혼

나를 알아야
연애운도 올릴 수
있습니다

모태솔로는
평생 모태솔로로
살아야 하나요?

나를 드러내야
이성의 눈에 띄고
연애운도 트입니다.

경금庚金, 신금辛金 일간에게 화는 관성입니다. 임수壬水, 계수癸水 일간에게 화는 재성입니다. 사주의 오행 중에 화가 없으면 모든 일에 지체로 나타나게 됩니다. 그래서 금 일간의 여성, 수 일간의 남성이 화가 없을 경우 유독 학업, 취업, 연애, 결혼 등이 늦어질 수 있습니다.

여자의 사주에 화가 없으면 남자보다 리스크가 큽니다. 일단 모든 일에서 지체가 생깁니다. 여성은 음陰이기에 양陽의 기운이 부족할 때 리스크가 큽니다. 자발성, 남들 앞에 나서서 자신을 드러내는 힘인 양이 없으면 존재 자체가 음인 여성은 영향을 크게 받습니다.

따라서 여성에게 화무자火無字는 무관無官보다 리스크가 클 수 있습니다. 여성의 사주에 화가 없으면 재수, 삼수 후에 대학을 간다거나 대학을 가더라도 다시 학위를 따기 위해 입학을 한다거나 하는 식으로 수고로움이 반복되는 경우가 많습니다. 무엇보다 여성의 사주에 오행 화가 육친으로 관성일 경우에는 결혼이나 직업 면에서 리스크가 커집니다. 오행 화와 남성, 배우자를 뜻하는 관성이 다 없는 경우이기 때문입니다.

곤명(坤命)

시주(時柱)	일주(日柱)	월주(月柱)	연주(年柱)
	辛		癸
	丑	丑	亥

위와 같은 명식의 경우 금 일간이라 오행 중 화가 관성입니다. 결혼도 늦어지지만 음이 워낙 강하다 보니 연애사戀愛史도 없을 수밖에 없습니다. 그렇다고 오행 화가 없는 것이 단점만 있지는 않습니다. 장점도 있습니다. 이런 분들은 허례허식이

전혀 없습니다. 내실을 따지기에 돈도 야무지게 모으고 실리 없는 일에 힘을 빼지 않습니다.

그리고 화가 없는 사주라도 운에서 화 운을 만나면 남자를 만나 연애하다 결혼까지 일사천리로 흐르는 경우도 있습니다. 취업을 못 하고 있었다면 화운이 올 때 취업이 되기도 합니다. 다만 운이 올 때 입사한 회사를 다니다 운이 끝나면 갑자기 관성이라는 족쇄를 걷어차고 싶은 마음이 들어 회사를 그만 두는 경우가 많습니다. 만약 이런 분들이 화 운이 왔을 때 결혼을 하고 싶다면 이성과 만남도 적극적으로 가져보고 자신을 드러내야 합니다. 취업이 목표라면 운이 도와 들어간 회사에서 끈기 있게 잘 적응하는 노력이 필요합니다.

남자는 화가 없는 리스크를 크게 받지 않습니다. 남성은 존재 자체가 양이기에 양의 기운이 없다고 해서 큰 영향을 받진 않습니다. 오히려 음인 수가 없었을 때 리스크가 커집니다. 그래서 남성의 사주에 수가 없으면 갈등을 많이 느끼고 학마學魔를 겪는 경우가 많습니다. 공부는 양기陽氣를 누그러뜨리고 음기가 필요한 것이어서 수가 부족하면 의자에 오래 앉아 있질 못하기 때문입니다.

하지만 남성이 제아무리 양으로 태어났다고 해도 내성적인 남성은 존재합니다. 예를 들어 사주 자체가 음이 많고 화가 재성인 남성인데 화가 없다면 연애사도 이뤄지기 힘들고 결혼이 늦어지거나 심지어 혼자 살 수 있습니다. 이런 남자의 사주라면 학업, 취업, 결혼이 모두 충분히 늦을 수 있습니다.

건명(乾命)

	壬	戊	
	辰	寅	丑

이런 남자는 사주에 관성이 많아 생각이 많고 결정하는 데도 오랜 시간이 걸리며 마음먹은 대로 표현하는 힘도 부족합니다. 또한 화가 없다 보니 이성 앞에만 서면 한없이 작아집니다. 입도 안 열리고 마음에 드는 이성이 있어도 먼저 다가가기 힘들어합니다. 이런 남성들은 이성이 리드하는 연애를 해야 결혼까지 이어집니다.

앞서 소개한 두 사람의 공통점은 모두 누구보다도 연애와 결혼을 하고 싶어 하지만 자신이 나서서 연애를 할 수 있는 성격이 아니라는 겁니다. 자발성이나 자신을 드러내는 힘이 모두 지나치게 부족합니다. 누군가 소개팅을 주선해줘도 땀을 뻘뻘 흘리며 무슨 말을 해야 할지 모르는 성격의 소유자들입니다. 만약 두 사람이 만난다면 서로 아무것도 하지 못한 채 바라만 보고 앉아 있다 시간이 흘러가버릴 겁니다.

건명(乾命)

癸	戊	癸	
	申	酉	子

위 사주의 남성은 재성이 많아도 음이 강한 사주에 화가 없다 보니 연애 한번 제대로 못한 채 살다 뒤늦게 소개로 만난 여자와 인연이 닿아 마흔에 결혼을 했습니다. 연애 한번 못 해본 사주의 명식을 소개하는 이유는 연애, 결혼에서 가장 필요한 조건이 무엇인지 알아보기 위해서입니다. 화는 발산하고 드러내는 힘입니다. 연애에서 가장 중요한 것은 잘생긴 것도, 키가 큰 것도 아닙니다. 바로 화의 힘, 즉 나를 적극적으로 이성에게 어필하고 다가가는 힘이 중요합니다. 머릿속에서 아무리 연애나 결혼 생각을 많이 해도 결국 현실에서 행동으로 드러내지 않으면 연애사는 시작되지 않습니다.

결혼이 늦어져 고민이라고 말하는 내담자에게는 한 가지

개운법을 알려드립니다. 먼저 어디든 가서 누구든 일단 만나라고 말입니다. 연애는 감정을 주고받는 것인 만큼 아무리 운에서 화 운이 오고 관성이 오고 재성이 와도 결국 자신의 생각과 감정을 상대에게 표현하고 행동으로 보여줘야 합니다. 그렇지 않고선 누구에게 어떤 것도 전해지지 않습니다. 연애를 글로 배울 수 없는 이유이기도 합니다. 진심을 전하는 데는 역시 표현만 한 것이 없습니다.

화의 기운이 부족해 연애를 시작하지 못하고 결혼이 늦어지는 분들은 연애를 하고 결혼을 하기 위해서는 집 밖을 나가고, 사람들을 만나는 것부터 시작해야 합니다. 마음을 드러내고 적극적으로 연애를 해나갈 준비를 먼저 하고 운을 기다려야 합니다. 그런 분들이 기다리던 운이 왔을 때 연애도 하고 결혼으로 이어집니다.

이성이 따르는 사주는
따로 있나요?

연애에는
많은 생각보다
많은 감정이
얽혀야 합니다.

여성에게 관성은 학교, 직장, 일, 직업이자 이성, 배우자입니다. 남성에게 관성은 학교, 직장, 일, 직업이자 자녀이기도 합니다. 그래서 여성의 사주에 관성이 많으면 만날 수 있는 이성이 여럿이라는 의미이기도 합니다. 다만 여성의 사주에 관성이 많다는 이유만으로 남성이 많다고 추측하고 연애 경험이 많으며 결혼 후 가정을 지키기 힘들다고 말하는 건 굉장히 위험한 간명看命입니다.

곤명(坤命)(=여성)

시주(時柱)	일주(日柱)	월주(月柱)	연주(年柱)
	壬		
丑(정관)	辰(편관)	辰(편관)	丑(정관)

위 사주의 내담자는 일전에 유명한 철학관에서 자신이 문란한 연애 생활을 하고 있다는 말을 들었다고 했습니다. 연애 경험이 전무했던 내담자는 그 말을 듣고는 너무나 황당했다고 합니다. 결론부터 말씀드리면 이분은 연애 경험이 전무한 분이 맞습니다. 아마도 지지 네 개가 전부 관성인 것을 보고 남성이 많다고 한 것 같습니다. 하지만 이분의 사주를 보면 지지에 정편관正偏官이 혼잡돼 있고 화무자 사주입니다. 그리고 지지에 있는 관성이 전부 파破가 된 상태입니다.

이분은 살아오면서 직장 전변이 잦았습니다. 쉽게 결정을 내리지 못하고 무슨 일을 하든 나서서 추진하는 힘이 부족합니다. 고민에 고민을 거듭해도 끝내 결정을 내리지 못합니다. 지지 정편관 혼잡은 결정장애를 만들어내고 임진일주壬辰日柱에 화무자 사주이다 보니 내향적인 성격입니다. 이런 사주일 경우 관이 아무리 많아도 연애사가 오히려 잘 발생하지 않습니다. 먼저 다가가지 못하는 성격인데 이성에 대한 관심도 그리 많지 않습니다. 실제로 내담자는 결혼에 대한 생각이 별로 없다고 했습니다. 혼자서 인생의 즐거움을 찾는 분이셨습니다.

곤명(坤命)

甲(정관)	己		乙(편관)
	丑	寅(정관)	

위 명식의 내담자도 정편관 혼잡입니다. 한마디로 관성이 많다는 이야기입니다. 연봉이 높은 전문직 종사자로, 아직 연애 경험이 없다고 했습니다. 여성의 사주에 제아무리 관성이 많고 관성이 득세해 있다 해도 조후가 무너졌거나 오행 중 화가 없는 사주라면 연애 경험이 많고 남자가 많다고 단언하기 힘듭니다. 여자 사주에 관성이 아무리 많아도 관들이 형충파해形沖破害돼 있는지도 중요하고 대운의 흐름도 물론 중요합니다. 여성이기에 오행 중 연애하고 싶은 마음을 적극적인 행동으로 표현할 수 있게 하는 화와 목이 사주에 있는지도 봐야합니다.

사주에 관성이 많다는 것은 곧 자신의 행동을 통제하고 간섭하는 인자가 많다는 뜻입니다. 예를 들어 어느 날 갑자기 남자 친구와 무작정 밤바다를 보러 가고 싶어졌습니다. 그럼 집에 늦게 들어가거나 못 들어가는 상황이 벌어집니다. 이때 귀가 시간을 간섭하는 부모님과 함께 살고 있다거나 집까지 가는 막차가 일찍 끊기는 식으로 자신이 하고 싶은 행동을 간섭하는 상황들이 계속 펼쳐지는 겁니다. 이렇듯 자신의 행동을 통제하는 인자들이 많다 보면 결국 남자 친구와 밤바다를 보러 가는 일을 포기하고 집으로 향합니다.

무관사주인 분들은 통제나 간섭을 싫어합니다. 평소 자신을 통제하는 관성이 없기에 통제 받는 삶이 생소할 수밖에 없습니다. 반면 관성이 지나치게 많으면 신경 쓰고 지켜야 할 것들이 많으니 자연스럽게 행동이 위축될 수밖에 없습니다. 그만큼 신중하기에 무언가를 쉽게 결정하지도 못합니다. 주변에 마음에 드는 남자가 아무리 많아도 망설이다가 놓치는 일이 허다할 정도입니다. 이처럼 관성이 많은 여성들에게는 무작정 자신을 이끌어주는 남성이 필요합니다. 먼저 다가와 연애하자고 부추기고 결혼하자고 밀어붙이는 남성이 있어야 현실 속에서 실행될 수 있습니다.

곤명(坤命)(=여성)

丁	壬		
未	戌		丑

물론 관성이 많아 정말로 연애 경험도 많고 이성을 향한 관심도 많은 사주도 있습니다. 위 사주의 내담자는 관성이 많긴 해도 오행이 모두 있는 조후가 괜찮은 사주입니다. 그렇다 보니 남자 친구가 없었던 적이 없을 정도였습니다. 자신이 마음만 먹으면 얼마든지 연애를 할 수 있는 사주인거죠. 관성이 많은데 남자가 많으려면 조후가 중요합니다.

이렇게 관성이 많고 적음만으로 연애 경험 유무나 이성 관계를 함부로 판단할 수 없습니다. 팔자에 관성이 아무리 많아도 연애사는 실행력이 없다면 현실로 이루어지기 힘들기 때문입니다. 자기 앞에 남성이 아무리 많아도 마음에 들어야 연애를 위한 틈을 보이는 행동도 시작할 수 있습니다. 연애사는 그저 가만히 서 있는 사람에겐 쉽게 일어나지 않습니다. 연애를 하고 싶다면 머릿속으로 생각을 많이 하기보다 연애를 할 수 있는 상황에 자신을 더욱 많이 노출시키고 자신의 적극성도 이끌어내야 연애사가 이뤄집니다.

오행 五行 으로 보는
연애다망사 戀愛多忙史

우주의 다섯 가지 기운

나의 사주
오행을 알면
연애사를
이루어낼 수
있습니다.

오행이란 우주 만물에 존재하는 다섯 가지 기운을 뜻합니다. 보통 목을 나무, 화를 불, 토를 흙, 금을 쇠, 수를 물로 나타냅니다. 이때 나무, 불, 흙, 쇠, 물이라는 사물 자체가 아니라는 점을 주의해야 합니다. 예를 들어 나무가 가진 끝없이 솟아오르는 성질이나 기운을 목으로 표현한 겁니다. 사물로 오행을 이해하는 것은 올바른 방법이 아니긴 하지만 성질을 사물화시킨 그 사물의 색상이 가장 구분하기 쉽기 때문에 오행을 나타낼 때 색깔을 활용합니다.

목(木)	화(火)	토(土)	금(金)	수(水)
나무	불	흙	쇠	물
곡직	발산	조화	수렴	응집

　많은 사람이 사주로 배우자를 유추할 수 있다는 건 아실 겁니다. 그런데 사주에는 배우자뿐만 아니라 이성을 만날 기회나 이성을 향한 관심은 물론, 연애사의 많고 적음까지 꽤나 많은 것을 알 수 있습니다. 흔히 여성의 사주에 관이 없거나 남성의 사주에 재가 없으면 연애가 애매하고 결혼이 늦거나 못한다고 알려져 있습니다. 하지만 연애를 제대로 할 만한 사람인인지 여부를 살필 때는 관성과 재성이 아니라 오행 중에 수가 있는지 여부를 먼저 살핍니다.

　속된 말로 "건수가 있어야 할 텐데"라는 표현을 씁니다. 사주에 오행 중 수가 없으면 건수가 잘 생기지 않습니다. 연애사가 쓰여야 어떤 식으로든 결실을 맺을 수 있겠죠. 만약 사주에 수가 없거나 약하다면 연애 사건이 다발적으로 일어나기 힘들다고 볼 수 있습니다.

　수는 색 중에서 검정색으로 표현합니다. 수의 성질은 땅 밑

깊은 곳으로 끝없이 흘러 내려가 에워싸고 얽히고설킨다 했습니다. 남녀가 얽히고설키는 애정행각을 말합니다. 인간이 가진 성욕性慾으로도 볼 수 있습니다. 이러한 수가 없거나 약한 사주라면 애정행각을 벌이는 일에도 약합니다. 속된 말로 바로 옆에 연애 상대가 있어도 뭘 어찌할 줄을 모른다는 말입니다.

이성에게 관심이 가야 연애할 마음도 드는 겁니다. 연애에 대한 답이 애매하다면 소개팅할 의지도, 이성에게 호감을 나타낼 의지도 없는 겁니다. 여성의 사주에 관이 많거나 남성의 사주에 재가 많은데도 결혼을 하지 않는 것은 수가 부족해 이성에 대한 관심이 없기 때문입니다. 연애할 마음이 들고, 이성에게 관심과 호감을 갖는 행위 자체가 수와 관련 있습니다.

한편 관이 많고 재가 많다는 것은 남성이나 여성에게 관심을 받고 노출될 수 있는 상황에 많이 놓인다는 의미입니다. 하지만 아무리 이성에게 노출이 돼도 결혼 생각이 없다면 결실을 맺을 수 없을 겁니다. 하늘의 별도 의지가 있어야 따러 갈 수 있는 법입니다.

따라서 이런 사주를 가진 분들은 정말 적극적인 이성이 덥석 손을 붙잡고 끌고 가는 연애를 해야 합니다. 정신을 차리고 보니 상대와 결혼을 한 상태였다는 말이 나올 정도로 말입니다. 단, 수가 많다고 해서 모든 것이 해결되지는 않습니다. 수만 많은 것은 욕구만 많다는 의미이기도 하므로 생각만 음란해질 수 있습니다. 만약 연애하고 싶은 욕구가 있다면 그것을 현실화할 수 있는 행동력이 필요합니다.

수가 연애하고 싶고 결혼하고 싶은 마음이나 의지라면 목은 그러한 의지를 현실로 실현시킬 수 있는 행동력이자 실천력입니다. 간혹 집 밖으로 나가지도 않으면서 연애는 하고 싶어 하는 분들이 있습니다. 하다못해 옷을 차려입고 동네 카페라도 나가봐야 누군가를 만날 기회에 노출이 됩니다. 하지만 연애나 결혼을 하고픈 마음만 있을 경우 방에서 상상으로 끝날 수도 있습니다.

수와 목을 고루 갖춘 사람은 봄이 오기 전부터 벚꽃 구경을 같이 갈 연인을 만들기 위해 늦어도 2월까지는 열심히 소개팅을 하며 지냅니다. 반대로 연애가 다망多忙한 사람들, 즉 삼합三合이 지지에 있는 분들은 본인의 의지, 이성이 많은 사회환경, 애정행각 욕구가 모두 합쳐져 연애사를 100페이지는 거뜬하게 쓸 수 있는 분들입니다.

사주에 지지의 합으로 삼합이라는 부르는 합의 형태가 있습니다. 내 사주 팔자의 지지 네 글자 중에 삼합의 글자가 있으면 됩니다. 신자진申子辰, 인오술寅午戌, 해묘미亥卯未라는 세 가지 삼합의 종류가 있습니다. 지지에 삼합을 이루어내는 세 글자가 다 있지 않아도 됩니다. 세 글자가 다 있다면 오히려 과할 수 있습니다. 지지에 완성된 삼합이 있는 분은 한평생 연애가 다망한 분입니다. 글자가 많을수록, 삼합이 완성될수록 연애가 다망하다 보면 됩니다.

오행에서 금은 조절력이자 절제력을 의미합니다. 만약에 완성된 삼합이 있고 금무자金無字 사주인 분이라면 연애할 때 절제력을 잃을 수 있습니다. 한마디로 한번 연애에 빠지면 정신을 차리지 못합니다. 극단적으로 표현하면 폭주하는 시점이 찾아올 수도 있습니다.

예를 들어 정신을 차리고 보니 간이고 쓸개고 다 빼주고 있는 형국입니다. 상대방을 따라 우주까지라도 갈 기세입니다. 자신은 연애할 때마다 이상하게 통제력을 잃는 때가 온다고 생각되는 분이라면 금무자일 수 있습니다. 요즘 말로 금사빠로 표현해도 될 겁니다. 또 상대방과 쉽게 헤어지지 못하는 분들도 있습니다.

절제하고 조절하는 힘을 의미하는 금이 너무 많을 경우에는 연애를 오래 지속하지 못합니다. 금 자체로 단절이나 단교의 힘을 갖고 있기 때문입니다. 그래서 금이 많은 분들은 작은 것 하나라도 마음에 들지 않으면 상대방을 오래 두고 보질 못해 금방 헤어지고 맙니다. 싫증도 쉽게 냅니다. 또 연애를 길게 이어가지 못하니 결혼까지 가기도 힘들어집니다.

오행 중 화와 토는 수의 운동을 방해하는 인자입니다. 밝기로 비교하면 수는 어둡지만 화와 토는 밝습니다. 밝은 곳에서는 역사가 이뤄질 수 없기 마련입니다.

연애를 하고 싶은 욕구를 방해하는 인자가 많다면 결국 연애가 다망할 수 있는 조건이 안 됩니다. 이렇게 사주 팔자를 이루는 오행으로 연애의 다망 여부를 알 수 있습니다.

오행은 만세력에 나타난 색깔로 사주 풀이를 모르는 분들도 충분히 구분이 가능합니다. 연애를 하게 만드는 오행 중 부족한 오행이 무엇인지 스스로 안다면 보완하고 노력해서 연애사를 이루어낼 수 있습니다.

4

이성운을
바꾸고 싶다면?

내가 사랑하는
사람이 나를
사랑하는 동등한
관계를 맺는
것이 결혼입니다.

사주란 네 개의 기둥이라는 뜻이고 네 개의
기둥에는 여덟 개의 글자가 있어 팔자라고도
합니다. 즉, 사주와 팔자는 같은 말 같은 뜻
입니다. 네 개의 기둥은 오른쪽부터 연주, 월
주, 일주, 시주라 부릅니다.

성혼이 늦어지는 분들은 과연 결혼을 할 수
있을지를 가장 궁금해합니다. 자신의 의도와
다르게 결혼이 늦어지다 보니 팔자에 배우자
가 없는 것은 아닌지 자신의 팔자에 자식이

시주(時柱)	일주(日柱)	월주(月柱)	연주(年柱)
시간(時干)	일간(日干)=나	월간(月干)	연간(年干)
시지(時支)	일지(日支)=배우자궁	월지(月支)	연지(年支)

없는 것은 아닌지 조바심도 날 겁니다.

물론 혼자 살 팔자도 존재하고, 자식이 없는 팔자도 존재합니다. 여자 사주가 신약사주身弱四柱에 무관에 무식상無食傷이라면 조후가 무너졌는지를 살핀 뒤 대운의 흐름을 한번 살펴봐야 합니다. 20~40대 초반에 관운이나 식상운이 흐르지 않는다면 명주는 결혼하지 않고 자녀 없이 혼자 살 가능성이 큽니다. 결혼을 한다면 자녀 없이 살 수 있습니다.

남자 사주는 무재無財, 무관이라면 역시 조후가 무너졌는지 살펴보고 20~40대 후반에 대운의 흐름도 재성과 관성에 도움이 되는 운이 흐르지 않으면 결혼하지 않고 자녀 없이 혼자 살아갈 가능성이 큽니다. 요즘은 남성들이 마흔 넘어 결혼을 해도 많이 늦는다고 할 수 없는 시대입니다. 또 40대에 자녀를 얻는 것도 흔한 일입니다. 따라서 남성은 대운의 시기를 40대 후반까지 잡습니다.

결혼을 하지 않을 사주는 아니나 혼자 사는 삶이 나을 것 같다는 생각이 드는 사주도 있습니다. 신약 사주인데 무인성 사주이면서 관성의 세력이 약해 재성으로 생을 받아야만 하는 형태라면 이런 '관성=배우자'는 도움이 되지 않습니다. 만약 이런 분이 무식상 남성이나 무관 남성을 만나면 그야말로 결혼을 하지 않는 게 나을 수 있습니다. 한마디로 나쁜 남자를 만난 겁니다. 남편이 아내에게서 돈만 끌어다 쓰고 고생을 덜어줄 생각을 하지 않는 경우입니다. 사는 내내 뭔가를 해주고 맙니다. 나쁜 남자를 만나고도 집착하며 남자에게 휘둘리고 독하게 끊어내지 못합니다. 남성도 마찬가지입니다. 무관 사주인데 재성(=처)이 식상의 생을 받기만 하는 구조인지 살펴봐야 합니다.

사실 내가 만나는 사람이 그리 좋은 사람이 아니라는 것은 그 사람을 겪고 있는 본인이 가장 잘 압니다. 그럼에도 독하게 마음먹고 헤어지질 못합니다. 연인 관계도 부부 관계도 일방적인 사랑만으로 이뤄지는 관계가 아닙니다. 연애 시절부터 무조건적인 이해와 희생을 해야 하는 관계가 성립된다면 끌려다니지 말고 끊어내는 결단력이 필요합니다.

기혼자들이 입버릇처럼 결혼하지 않는 게 나을 뻔했다고 말합니다. 이 말에 여러 가지 의미가 담겨 있겠지만 정말로 결혼이 자신의 인생 전체를 흔들었다는 의미일 수도 있습니다. 우리는 살아가면서 수많은 선택의 기로들을 만납니다. 선택의 기로에서 어떤 선택을 하는지는 결국 자신에게 달려 있습니다. 그중에서도 배우자 선택은 자신의 의지로 100퍼센트 선택할 수 있는 유일한 선택일지 모릅니다. 자신의 타고난 이성운을 바꾸고 싶다면 나쁜 남자에게 끌리지도 매달리지도 마세요. 내가 사랑하는 사람이 나를 사랑하는 동등한 관계를 맺어나가는 것이 연애이고 결혼입니다.

배우자복은
마음먹기
나름입니다

배우자의 덕목과
타고난 배우자복編

내가 좋은 사람이
된다면 배우자복을
뛰어 넘는
좋은 배우자와
인연이 닿습니다.

일반적으로 사주에서 관성은 남녀 상관없이 직장, 직업, 학교, 조직을 의미하고 재성은 말 그대로 재물을 의미합니다. 그런데 여성에게 관성은 직장, 직업, 학교 조직이면서 이성, 배우자이기도 합니다. 남성에게는 재성이 재물뿐만 아니라 이성, 배우자를 의미합니다.

배우자복, 재물복, 자식복은 모든 사람의 관심과 사랑을 받는 3대 복입니다. 어쩌면 지구가 멸망할 때까지도 모든 사람이 가장 궁금해하고 또 갈망하는 복이 아닐까 싶습니다. 그중에서 배우자복은 미혼 남녀뿐만 아니라 의외로 기혼자들이 더 궁금해하는 것 같습니다. 미혼 남녀들은 아직 만나지 않은 인연에 대해 갖는 환상에서 비롯된 것이라면 기혼자들은 과거 자신의 선택으로 결정된 현재의 배우자가 과연 최선의 선택이었는지 궁금해합니다.

배우자복이 좋은 사주가 분명 존재합니다. 그런데 아이러니하게도 배우자복이 있는 모든 분들이 배우자에게 만족하며 자신의 배우자가 최고라고 생각하며 살지는 않습니다. 배우자복이 있어도 배우자와의 사이가 꼭 유정할 순 없다는 이야기입니다.

여성의 사주에서 배우자복을 볼 때는 가장 먼저 사주에 관성이 드러나 있는지부터 봐야 합니다. 사주에는 관성을 나타내는 글자인 정관正官과 편관偏官이라는 글자가 사주 여덟 글자 안에 존재합니다. 그 다음으로 배우자를 나타내는 관성이라는 글자가 세력勢力을 가졌는지를 봅니다. 세력이 있다는 것은 천간에 투간透干돼 있고 지지에 근根이 있을 때를 말합니다. 쉽게 말해 천간과 지지에 관성을 나타내는 글자가 있어야합니다. 같은 주에 정관이면 정관만, 편관이면 편관만 있으면 좋습니다. 가장 좋은 것은 일주 또는 월주에 자리하고 있을 때입니다. 정관이 가장 좋습니다.

	일주(日柱)	월주(月柱)	시주(時柱)
	癸	戊	
	酉	辰	

위와 같은 형태가 월주에 정관이 형충파해 등으로 비교적 손상을 입지 않은 채 세력을 갖춘 것입니다. 월주가 아닌 다른 자리라도 같은 자리에 세력을 갖추고 있으면 그 다음으로 좋습니다.

	일주(日柱)	월주(月柱)	시주(時柱)
	壬		己
	寅		未

위와 같은 형태는 월주는 아니어도 연주에 정관이 세력을 갖춘 것입니다. 남성은 재성이 재물, 여성, 배우자이기에 재성이 세력을 갖는지 보면 됩니다. 배우자로 본다면 편재보다 정재가 낫습니다. 정재는 부인, 본처, 조강지처로, 편재는 첩, 애인 등으로 단순하게 비유하기도 합니다. 부인 같은 여자, 애인 같은 여자의 의미를 떠올려보면 이해가 쉬울 겁니다.

	일주(日柱)	월주(月柱)	시주(時柱)
	己	庚(편재)	
	亥(정재)	子(편재)	

위의 사주처럼 일지에 정재를 두고, 월지에 편재를 둔 분이
라면 연애는 편재 같은 여자들을 만나도 결국 결혼은 정재 같
은 여자와 한다고 보면 됩니다.

	일주(日柱)	월주(月柱)	시주(時柱)
	甲	丁	
	戌(편재)	未(정재)	

반대로 위의 사주처럼 월지에 정재를 둔 분이 일지에 편재
를 둔 경우에는 연애는 정재 같은 여자와 하며 여자복이 있
는 사람처럼 살다가 결혼은 편재 같은 여자와 하게 됩니다.
연애 때 아무리 좋은 사람을 만나도 정작 결혼할 때 눈이 멀
어버리면 그간 쌓아온 연애사는 아무런 소용이 없다는 이야
기입니다.

	일주(日柱)	월주(月柱)	시주(時柱)
	甲		己(정재)
	寅		未(정재)

위와 같은 사주를 가진 남성은 연주이긴 해도 재성이 세력을 갖는 형태입니다. 여성은 관성, 남성은 재성 같은 자리가 아니더라도 천간과 지지에 세력을 갖추고 있으면 덕이 있다고 봅니다. 그리고 배우자 궁을 나타내는 일지, 혹은 배우자를 의미하는 글자인 관성(여성의 경우)과 재성(남성의 경우)이 있는 지지에 천을귀인天乙貴人, 암록暗綠 같은 신살이 공망 등과 같은 손상 없이 있어도 복이 있다고 합니다.

누가 봐도 배우자 덕을 타고난 사주임에도 정작 본인은 배우자에게 만족하지 못하고 부부 사이의 문제로 상담을 오는 분도 많습니다. 반대로 배우자 덕이 부족하다 싶은 사주임에도 배우자에 대해 좋은 말만 하고 큰 불만을 드러내지 않는 분들도 있습니다. 정작 잉꼬부부라 소문난 부부들의 궁합을 보면 이론에서 말하는 배우자 덕이 있는 사주가 아닌 경우도 많습니다. 그럼에도 서로가 서로를 최고의 인연이라 생각하고 살아가는 겁니다.

결국 배우자복이 있는 사주는 자신의 사주에 타고난 배우자복도 물론 중요하지만 무엇보다 스스로 자신의 배우자가 좋은 배우자라고 생각하는 분이 진짜 배우자복이 있는 분이 아닐까 싶습니다.

결국 배우자복은 마음먹기 나름인 듯합니다. 서로에게 없는 것과 채워지지 않는 것을 지나치게 기대하다 보면 자기 마음대로 되지 않는 상대가 자신의 배우자인 것만으로도 고통이 되기 때문입니다. 따라서 배우자를 향한 채워질 수 없는 욕심은 버려야 합니다.

자신의 배우자에게서 도무지 기대하기 힘든 덕德은 결국 자신이 채울 수 없는 빈틈임을 받아들여야 합니다. 사람은 쉽게 변하지 않습니다. 일단 나 자신부터가 변하기 어렵다는 건 누구나 다 아는 이야기입니다. 내가 나를 변화시키는 것도 힘든 일인데 타인인 배우자가 내 마음먹은 대로 변하지 않는 것은 어쩌면 당연한 이치입니다.

배우자를 선택할 때는 제삼자가 보는 보편적인 기준보다 자신에게 얼마만큼 잘 어울리는 사람인지가 중요합니다. 남편이 저녁에 퇴근하고 집에 돌아와 대화도 없고, 아이들을 챙기지도 않고 소파에 앉아 유튜브나 보며 자신이 차려주는 밥상을 기다린다면 불만을 품을 수밖에 없습니다. 아무리 고액 연봉을 받고 남들 보기엔 그럴듯한 직업을 가진 배우자라 해도 말입니다. 반대로 퇴근 후 아이들과 놀아주고 목욕도 시켜주는 남편이지만 연봉이 적다고 불만을 품을 수도 있습니다. 배우자 덕분에 여유로운 생활을 누릴 수 있다는 장점이나 가정적인 장점은 하나도 보이지 않는 것이죠. 내 배우자가 갖춘 덕목德目은 당연하게 받아들이고 없는 것만 기대할 때 서로 힘들어질 수밖에 없는 것입니다.

따라서 자신에게 잘 맞는 배우자를 고르기 전에 먼저 나 자신도 잘 알아야 합니다. 나 자신을 알아야 내게 잘 맞는 배우자를 알 수 있습니다. 자신의 성격과 성향에 맞는 배우자를 얻어야 재물도 누리고 자식이 생겼을 때 온전한 부모의 사랑을 줄 수 있습니다. 자신과 배우자가 행복해야 온전한 가정을 만들 수 있습니다.

남들이 보기에 그럴듯한 배우자가 아니라 자신에게 잘 맞는 배우자가 어떤 배우자인지 결혼 전에 진지한 고민을 해봐야 합니다. 결코 타인의 이목을 생각해 만든 기준으로는 자신에게 잘 맞는 배우자를 선택할 수 없습니다. 타인의 이목에 적당히 부합하는 사람이 제아무리 그럴싸해도 자신의 울타리 안, 내 가정 안에서 함께하는 행복을 만들 수 없는 사람이라면 배우자로 인한 고통에 시달릴 수밖에 없습니다. 타인의 이목보다 자신의 마음에 잘 맞는 사람을 만나는 것만으로도 배우자복이 있는 사람입니다.

무엇보다 나라는 사람이 고마움은 모른 채 늘 배우자에게 불만만 품는다면 어떨까요? 내가 배우자 덕목을 갖춘 좋은 사람을 담을 그릇이 되지 않는다면 좋은 배우자는 당연히 인연이 닿지 않을 것입니다.

당신도 운을 벌 수 있습니다

인생이 내 마음처럼 안 풀릴 때 명리학 공부

초판 1쇄 인쇄 2023년 9월 27일
초판 1쇄 발행 2023년 10월 5일

지은이 길해
펴낸이 김선식

경영총괄이사 김은영
편집인 이여홍

마케팅본부장 권장규 마케팅3팀 박태준, 문서희
편집관리팀 조세현, 백설희 저작권팀 한승빈, 이슬, 윤제희
미디어홍보본부장 정명찬 영상디자인파트 송현석, 박장미, 김은지, 이소영
브랜드관리팀 안지혜, 오수미, 문윤정, 이예주 지식교양팀 이수인, 염아라, 김혜원, 석찬미, 백지은
크리에이티브팀 임유나, 박지수, 변승주, 김화정, 장세진 뉴미디어팀 김민정, 이지은, 홍수경, 서가을
재무관리팀 하미선, 윤이경, 김재경, 이보람, 임혜정
인사총무팀 강미숙, 김혜진, 지석배, 박예찬, 황종원
제작관리팀 이소현, 최완규, 이지우, 김소영, 김진경, 양지환
물류관리팀 김형기, 김선진, 한유현, 전태환, 전태연, 양문현, 최창우
외부스태프 교정교열 김승규 디자인 표지 유어텍스트 본문 박재원

펴낸곳 다산북스 출판등록 2005년 12월 23일 제313-2005-00277호
주소 경기도 파주시 회동길 490
대표전화 02-704-1724 팩스 02-703-2219 이메일 dasanbooks@dasanbooks.com
홈페이지 www.dasan.group 블로그 blog.naver.com/dasan_books
용지 신승지류 인쇄 상지사피엔비 코팅 및 후가공 제이오엘엔피 제본 상지사피엔비
ISBN 979-11-306-4592-6(03300)